सच्ची रामायण

पेरियार ई.वी. रामासामी

सम्पादक
प्रमोद रंजन

राधाकृष्ण पेपरबैक्स में
पहला संस्करण : जुलाई, 2020
नौवाँ संस्करण : नवम्बर, 2025

राधाकृष्ण पेपरबैक्स : उत्कृष्ट साहित्य के जनसुलभ संस्करण

राधाकृष्ण प्रकाशन प्राइवेट लिमिटेड
जी-17, जगतपुरी, दिल्ली-110 051
द्वारा प्रकाशित

शाखाएँ : अशोक राजपथ, साइंस कॉलेज के सामने, पटना-800 006
पहली मंजिल, दरबारी बिल्डिंग, महात्मा गांधी मार्ग, प्रयागराज-211 001
1, अनमोल सोराबजी सन्तुक लेन, धोबी तलाव, मरीन लाइंस, मुम्बई-400 002

वेबसाइट : www.radhakrishnaprakashan.com
ई-मेल : info@radhakrishnaprakashan.com

विकास कंप्यूटर एंड प्रिंटर्स
ट्रॉनिका सिटी-201 102
द्वारा मुद्रित

मूल्य : ₹ 250

SACHCHI RAMAYAN
by Periyar E.V. Ramasamy
Edited by Pramod Ranjan

ISBN : 978-81-8361-965-3

पेरियार ई.वी. रामासामी

ई.वी. रामासामी नायकर 'पेरियार' (17 सितम्बर, 1879—24 दिसम्बर, 1973) बीसवीं शताब्दी के महानतम चिन्तकों और विचारकों में से एक हैं। उन्हें वाल्तेयर की श्रेणी का दार्शनिक, चिन्तक, लेखक और वक्ता माना जाता है। 'भारतीय समाज और भारतीय व्यक्ति का मुकम्मल आधुनिकीकरण जिन भारतीय चिन्तकों एवं विचारकों के विचारों के आधार पर किया जा सकता है, उसमें वे अग्रणी हैं। पेरियार एक ऐसे व्यक्तित्व हैं, जिन्होंने उन सभी बिन्दुओं को चिह्नित और रेखांकित किया है, जिनका ख़ात्मा भारतीय समाज और व्यक्ति के आधुनिकीकरण के लिए अनिवार्य है।

उनकी विशिष्ट तर्क-पद्धति, तेवर और अभिव्यक्ति शैली के चलते जून 1970 में यूनेस्को ने उन्हें 'आधुनिक युग का मसीहा', 'दक्षिण-पूर्वी एशिया का सुकरात', 'समाज सुधारवादी आन्दोलनों का पितामह' तथा 'अज्ञानता, अन्धविश्वास, रूढ़िवाद और निरर्थक रीति-रिवाजों का कट्टर दुश्मन' स्वीकार किया।

प्रमोद रंजन

जन्म : 22 फरवरी, 1980

डॉ. प्रमोद रंजन ने हिन्दी समाज के सांस्कृतिक और साहित्यिक विमर्श को नए आयाम दिए हैं। वे हिन्दी समाज-साहित्य को देखने-समझने के परम्परागत नज़रिए को चुनौती देनेवाले लोगों में से एक हैं। उनके सम्पादन में प्रकाशित किताबों—'बहुजन साहित्य की प्रस्तावना' और 'बहुजन साहित्येतिहास'—ने जहाँ एक ओर बहुजन साहित्य की अवधारणा को सैद्धान्तिक आधार प्रदान किया, वहीं उनके सम्पादन में प्रकाशित किताब 'महिषासुर : एक जननायक' ने वैकल्पिक सांस्कृतिक दृष्टि को एक व्यापक विमर्श का विषय बनाया। उन्होंने अपनी वैचारिक यात्रा पत्रकारिता से शुरू की। इस दौरान वे 'दिव्य हिमाचल', 'दैनिक भास्कर', 'अमर उजाला' व 'प्रभात खबर' जैसे अख़बारों से सम्बद्ध रहे तथा विभिन्न पत्र-पत्रिकाओं का सम्पादन भी किया। इनमें 'जनविकल्प' (पटना), 'भारतेंदु शिखर', 'ग्राम परिवेश' (शिमला) और 'फारवर्ड प्रेस (दिल्ली) शामिल हैं। रंजन ने जवाहरलाल नेहरू विश्वविद्यालय, नई दिल्ली से 'अद्विज हिन्दी कथाकारों के उपन्यासों में जाति-मुक्ति का सवाल' पर पीएच.डी. की है।

सम्प्रति : असम विश्वविद्यालय के रवींद्रनाथ टैगोर स्कूल ऑफ लैंग्वेज एंड कल्चरल स्टडीज में प्राध्यापक हैं।

सम्पर्क : janvikalp@gmail.com

क्रम

हिन्दी पट्टी में पेरियार

'हिन्दी पट्टी में पेरियार' विषय पर बात करनी हो तो, एक चालू वाक्य को उलट कर कहने पर बात अधिक तथ्यगत होगी। वह यह कि पेरियार के विचार हिन्दी की दुनिया में परिचय के मोहताज हैं! उत्तर भारत, दक्षिण भारत के महान सामाजिक क्रांतिकारी, दार्शनिक और देश एक बड़े हिस्से में सामाजिक-सन्तुलन की विधियों और राजनीतिक संरचना में आमूलचूल परिवर्तन लाने वाले ईवी रामासामी पेरियार (17 सितम्बर, 1879 – 24 दिसम्बर, 1973) के बौद्धिक योगदान के विविध आयामों से अपरिचित है। यह सुनने में अजीब है, लेकिन सच है।

जबकि स्वयं पेरियार चाहते थे कि उनके विचार उत्तर भारत के प्रबुद्ध लोगों तक पहुँचें। उन्होंने अपने जीवनकाल में उत्तर भारत के कई दौरे किए और विभिन्न जगहों पर भाषण दिए। इस दौरान उन्होंने अपने कुछ लेखों व एक पुस्तक को हिन्दी में प्रकाशित करने का अधिकार भी उत्तर प्रदेश के दो प्रमुख बहुजन कार्यकर्ताओं, क्रमश: चन्द्रिका प्रसाद जिज्ञासु और ललई सिंह को दिए थे। लेकिन वह बात संभव न हो सकी, जो पेरियार चाहते थे।

उत्तर भारत में आज भी पेरियार को मुख्य रूप से नास्तिक और हिन्दी विरोधी के रूप में जाना जाता है। यह गलत तो नहीं, लेकिन उनका एकांगी चित्रण अवश्य है। उन्होंने धर्म के आधार पर होने वाले शोषण की कड़ी आलोचना की, लेकिन उसे तार्किक परिणति तक पहुँचाया। डॉ. आंबेडकर के बौद्ध धर्म स्वीकार करने का उन्होंने स्वागत किया और उसे ऐतिहासिक दिन बताया। इसी तरह उनका हिन्दी-विरोध सांस्कृतिक वर्चस्ववाद का विरोध था, जिसने बाद के वर्षों में दक्षिण और उत्तर भारत में राजनीतिक सन्तुलन बनाया। वे हिन्दी भाषा के विरोधी नहीं थे। इन चीजों से इतर पेरियार ने विवाह संस्था, स्त्रियों की आजादी, साहित्य की महत्ता और उपयोग, भारतीय मार्क्सवाद की कमजोरियों, गांधीवाद और उदारवाद की असली मंशा और पाखंड आदि पर जिस मौलिकता से विचार किया है, उसकी आज हमें बहुत आवश्यकता है। वे अपने काल तक ही सीमित नहीं थे, उनकी दृष्टि निरन्तर भविष्य पर बनी रही। विज्ञान और तकनीक भी उनके प्रिय विषय थे। यही कारण है कि आज के उत्तर सूचना-युग में भी हम उनकी भविष्यवाणियों को फलीभूत होते देख रहे हैं।

पिछले कुछ वर्षों में हिन्दी क्षेत्र के सामाजिक आन्दोलनों व अकादमियों में समाज के वंचित तबकों से बड़ी संख्या में लोग आए हैं। वे सिर्फ 'नास्तिक पेरियार' से परिचित हैं। हालाँकि उनके इस रूप के प्रति नई पीढ़ी में जबरदस्त आकर्षण भी है। लेकिन उसने वस्तुत: पेरियार को पढ़ा नहीं है। इस पीढ़ी के पास पेरियार के विचारों के बारे में कुछ सुनी-सुनाई, आधी-अधूरी बातें ही हैं।

यह स्वाभाविक है क्योंकि हिन्दी में न तो पेरियार का साहित्य उपलब्ध है, न उनकी मुक्कमल जीवनी। पेरियार पर केन्द्रित गम्भीर आलोचानात्मक लेखन हिन्दी में अभी भी उपलब्ध नहीं है।

सकते में डाल देने वाली इस कमी का अहसास मुझे वर्ष 2011 में हुआ था। उन दिनों मैं नई दिल्ली के जवाहरलाल नेहरू विश्वविद्यालय में अध्ययन कर रहा था। अपने एक लेख के लिए मुझे ई.वी. रामासामी पेरियार के विचारों को जानने की जरूरत महसूस हुई। लेकिन, यह जानकर हैरानी

हुई कि 'सच्ची रामायण' के अतिरिक्त उनका कोई भी साहित्य हिन्दी में उपलब्ध ही नहीं है। 1970 में चन्द्रिका प्रसाद जिज्ञासु ने 'ई.वी. रामासामी पेरियार नायकर' नाम पेरियार के कुछ लेखों का हिन्दी अनुवाद प्रकाशित किया था। वह भी अनुपलब्ध था।

'सच्ची रामायण' का जो अनुवाद उपलब्ध था, वह भी शुद्ध नहीं था। अंग्रेजी से मिलान करने पर साफ पता चल रहा था कि कई स्थानों पर अनुवादक/प्रकाशक ने अपनी भावनाओं का समावेश किया है। इस दिशा में खोजबीन करने पर सच्ची रामायण के हिन्दी में प्रचार-प्रसार और राजनीतिक उपयोग-उपेक्षा के बारे कुछ अन्य रोचक जानकारियाँ भी मिलीं।

राम-कथा की व्याख्या पर केन्द्रित पेरियार की रामायण मूल रूप से तमिल में 1944 में छपी थी। तमिल में इसका नाम था—'रामायण पाथीरांगल' (रामायण के चरित्र)। अंग्रेजी में यह 1959 में 'द रामायण : अ ट्रू रीडिंग' शीर्षक से प्रकाशित हुई, जिसका हिन्दी अनुवाद 'सच्ची रामायण' शीर्षक से किन्हीं रामाधार ने किया था; जो 1968 में प्रकाशित हुआ। हिन्दी में इसे अर्जक संघ से जुड़े लोकप्रिय सामाजिक कार्यकर्ता व लेखक ललई सिंह (1 सितम्बर, 1911 – 7 फरवरी, 1993) ने प्रकाशित किया था। बाद के वर्षों में वे स्वयं भी अपने प्रशंसकों के बीच 'पेरियार ललई सिंह' और उत्तर भारत के पेरियार के नाम से जाने गए।

उन्होंने सिर्फ इसे प्रकाशित ही नहीं किया बल्कि इसके प्रचार-प्रसार में भी कोई कसर नहीं छोड़ी, जिससे राम-पूजक उत्तर प्रदेश में हड़कंप मच गया। दिसम्बर, 1969 में उत्तर प्रदेश सरकार ने इस किताब को (सिर्फ हिन्दी अनुवाद नहीं) हिन्दुओं की धार्मिक भावनाओं को आहत करने के आरोप में प्रतिबन्धित कर दिया और हिन्दी अनुवाद की प्रतियाँ जब्त कर लीं। ललई सिंह यादव ने इसके खिलाफ लम्बी न्यायिक लड़ाई लड़ी। सुप्रीम कोर्ट ने 16 सितम्बर, 1976 के अपने फैसले में इस किताब पर प्रतिबंध को गलत बताया एवं जब्त की गई प्रतियाँ ललई सिंह को लौटाने का निर्देश दिया। लेकिन, कोर्ट के आदेश के बावजूद उत्तर प्रदेश सरकार ने 'सच्ची रामायण' से प्रतिबंध नहीं हटाया। 1995 में प्रदेश में पेरियार को अपने प्रमुख आदर्शों

में गिनने वाले कांशीराम की बहुजन समाज पार्टी (बसपा) सत्ता में आई, तब जाकर इससे प्रतिबंध हटा। उस समय बसपा कांशीराम के हाथ में थी और वे दलित-ओबीसी नायकों का राजनीतिक उपयोग करने की रणनीति पर काम कर रहे थे।

लेकिन पेरियार के विचार तब भी हिन्दी भाषी जनता तक नहीं पहुँच सके। कांशीराम की मुख्य प्रतिबद्धता दलित समुदाय की राजनीतिक हिस्सेदारी के प्रति थी। उन्होंने पेरियार मेला का भी आयोजन किया जिसमें नायकों की मूर्तियों की स्थापना, मेलों का आयोजन आदि शीघ्र फल देने वाले बहुत महत्त्वपूर्ण काम थे। लेकिन कांशीराम से इन नायकों के मूल विचारों को जनता तक पहुँचाने का बीड़ा उठाने की उम्मीद करना अतिरेक ही कहा जाएगा। यह बीड़ा साहित्य और संस्कृति के क्षेत्र में काम कर रहे समतावादी कार्यकर्ताओं को उठाना चाहिए था। लेकिन यह नहीं हुआ।

यही कारण था कि, 2007 में जब उत्तर प्रदेश में 'सच्ची रामायण' का एक बार फिर जोरदार विरोध हुआ था, तब बसपा को पेरियार से कन्नी काटनी पड़ी। विरोधियों के प्रश्नों का उसके पास सैद्धान्तिक उत्तर नहीं था। उस समय भी बसपा उत्तर प्रदेश की सत्ता में थी और मायावती ही मुख्यमंत्री थीं।

अक्टूबर, 2007 में भारतीय जनता पार्टी ने बहुजन समाज पार्टी पर आरोप लगाया कि वह सरकार के सहयोग से 'सच्ची रामायण' का प्रचार-प्रसार कर रही है तथा बड़े पैमाने पर इसकी बिक्री की जा रही है। उस समय विधानसभा का सत्र चल रहा था। इसलिए यह मामला मीडिया में भी खूब गूंजा। भाजपा विधानमंडल दल के नेता ओमप्रकाश सिंह का कहना था कि "हिन्दू देवी-देवताओं के विरोधी तथा द्रविड़िस्तान की माँग करने वाले अलगाववादी पेरियार रामासामी की सरकार निंदा करे तथा उन्हें महापुरुषों की श्रेणी में न माने।" इस पर तत्कालीन मुख्यमंत्री मायावती का उत्तर अप्रत्याशित था। मायावती ने कहा कि ''बसपा तथा सरकार का पेरियार की सच्ची रामायण की बिक्री से कोई लेना-देना नहीं है। भाजपा मामले का राजनीतिकरण कर रही है।''

भाजपा के विरोध और बसपा द्वारा पेरियार से रणनीतिक दूरी बना लेने की इस घटना का एक आश्चर्यजनक पक्ष भी था; जिसका पता इंडियन एक्सप्रेस की एक ख़बर से लगता है।

पत्रकार अलका पांडेय ने 7 नवम्बर, 2007 को इंडियन एक्सप्रेस में प्रकाशित अपनी खोजी रिपोर्ट में लिखा कि, "जिस 'सच्ची रामायण' के लिए भाजपा और बसपा एक-दूसरे पर आरोप-प्रत्यारोप लगा रही थीं उसकी प्रति न भाजपा के पास उपलब्ध है, न ही बसपा के पास। बसपा का सारा साहित्य बेचने वाले 'बहुजन चेतना मंडप' के पास भी यह किताब उपलब्ध नहीं है।'' भाजपा इस दौरान कई जगहों पर 'सच्ची रामायण' के दहन का आयोजन कर रही थी। लेकिन, "जलाने के लिए भी पार्टी के पास किताब की प्रति नहीं थी। उसने जिस किताब का दहन किया, वह किताब के कथित आपत्तिजनक अंशों की फोटोकॉपी थी।"

अखबार ने अपनी पड़ताल में पाया कि "सिर्फ बसपा से जुड़े स्टॉलों पर ही नहीं, बल्कि पूरे लखनऊ में किसी भी दुकान पर 'सच्ची रामायण' उपलब्ध नहीं है।'' लखनऊ के सबसे बड़े पुस्तक विक्रेता 'यूनिवर्सल बुक सेलर' ने भी अखबार को बताया कि "'सच्ची रामायण' कभी बिक्री के लिए उपलब्ध ही नहीं थी।"

वस्तुत: 'बैकवर्ड एंड माइनॉरिटी कम्युनिटीज इंप्लाइज फेडरेशन' (बामसेफ) से जुड़े 'मूलनिवासी प्रचार-प्रसार केन्द्र' तथा 'आंबेडकर प्रचार समिति' आदि ने 'सच्ची रामायण' की लाखों प्रतियाँ अपने समर्थकों-कार्यकर्ताओं के बीच वितरित की थीं। लेकिन, इसकी पहुँच न तो विश्वविद्यालयों तक हो सकी थी, न ही उन दुकानों तक, जहां कथित 'मुख्यधारा' की किताबें पढ़ने वाले लोग जाते हैं। यह कोई नई बात नहीं है। एक ओर बहुजन तबकों को ज्ञान की कथित मुख्यधारा से दूर रखने की कोशिश की जाती है, दूसरी ओर इन तबकों के पास उपलब्ध ज्ञान और उनके नायकों की यह सचेत उपेक्षा की जाती है।

बहरहाल, इन स्थितियों से चिन्तित होकर मैंने तमिलनाडु निवासी विश्वविद्यालय में अपने सहपाठी मनीवन्नन मुरुगेसन के साथ पेरियार

ग्रंथावली हिन्दी में लाने की योजना बनाई थी। लेकिन, समस्या अनुवादकों की अनुपलब्धता की थी। तमिल से हिन्दी अनुवाद मिलना टेढ़ी खीर था। हमारे पास इसके लिए आर्थिक संसाधन भी बहुत सीमित थे। इसलिए उस समय हम इस दिशा में उस समय बहुत कम काम कर पाए।

2014 के मार्च महीने में मनीवन्नन ने बताया कि पेरियार साहित्य के गम्भीर अध्येता और प्रतिबद्ध पेरियारवादी टी. थमराईकन्नन तमिलनाडु से दिल्ली आए हैं तथा मुझसे मिलना चाहते हैं। उस मुलाकात में थमराईकन्नन ने बताया कि वे हम लोगों द्वारा अंग्रेजी और हिन्दी में किए जा रहे बहुजन मुद्दों पर केन्द्रित पत्रकारिक काम से परिचित हैं तथा कोयंबटूर से पेरियार के विचारों पर आधारित एक पत्रिका के प्रकाशन की योजना पर काम कर रहे हैं। अक्टूबर, 2014 में उनके संगठन ने 'कात्तारू' नाम से पत्रिका का प्रकाशन आरंभ किया। उन्होंने अक्टूबर, 2015 में अपनी पत्रिका के पहले जन्मोत्सव पर मुझे आमंत्रित किया। वहीं प्रस्तुत पुस्तक श्रृंखला की ठोस योजना बनी।

थोड़े विषयांतर का खतरा मोल लेते हुए भी, उपरोक्त तमिल पत्रिका की विशिष्टता का उल्लेख कर देना यहाँ प्रासंगिक होगा।

कोयंबटूर से प्रकाशित 'कात्तारू' अपने कलेवर, विषयों के चुनाव आदि में यह एक श्रेष्ठ और गम्भीर मासिक पत्रिका है, जो आज भी नियमित प्रकाशित हो रही है। उत्तर भारत से जो साहित्यिक-वैचारिक अथवा दलित-बहुजन मुद्दों पर केन्द्रित लघु पत्रिकाएँ निकलती हैं, उनमें से अधिकांश के पीछे प्राय: कोई एक व्यक्ति मिशनरी भाव से जुड़ा होता है। कुछ मामलों में तो पत्रिका के माध्यम से स्वनामधन्य हो जाने की ख्वाहिश भी काम कर रही होती है! लेकिन, कोयंबटूर में 'कात्तारू' की युवा टीम इससे बिलकुल अलग थी।

'कात्तारू' में किसी एक व्यक्ति का नाम नहीं प्रकाशित होता है। सारा काम 'टीम' की ओर से किया जाता है। सबसे अधिक हैरान करने वाली बात है पत्रिका के प्रकाशन स्थल के निकटवर्ती गांव-कस्बों के परिवारों का इससे जुड़ाव। उस वार्षिकोत्सव के दौरान 'टीम कात्तारू' ने

मुझे बताया कि इससे आसपास के गांवों के लगभग 500 परिवार जुड़े हैं, जिनके अनुदान से यह चलती है। समसामयिक मुद्दों की इस पत्रिका में कुछ पृष्ठ इन परिवारों में होने वाले जन्मदिन, विवाह व अन्य छोटी-बड़ी उपलब्धियों, शोक समाचार आदि के संक्षिप्त समाचारों व तस्वीरों के लिए सुरक्षित हैं। हिन्दी की लघु पत्रिकाओं में इसकी कल्पना भी हम नहीं कर सकते। पत्रिका के जिस समारोह में मैं शामिल हुआ था, उसमें पुरुषों के अतिरिक्त बड़ी संख्या में किशोरियाँ, युवतियाँ, बहुएँ, बच्चे, बुजुर्ग महिलाएँ भी सक्रिय भागीदारी कर रही थीं। वे विविध वैचारिक मुद्दों पर सवाल पूछ रही थीं और वक्ताओं के भाषणों के बाद हस्तक्षेप कर रहीं थीं।

तमिलनाडु में पेरियार के विचारों के प्रभाव के कारण एक प्रगतिशील, समावेशी समाज बना है। पेरियार ने अपने आन्दोलन को महिलाओं से जोड़ने पर बहुत बल दिया था। इसके विपरीत, आज उत्तर भारत के सारे जातिवाद-विरोधी आन्दोलन मुख्य रूप से सिर्फ पुरुषों के आन्दोलन हैं। जो महिलाएं इन आन्दोलनों में हमारे कंधे-से-कंधा मिला सकती थीं, उन्हें भी हमने विवश कर दिया है कि वे हमारे पुरुषवाद के विरोध में अपना अलग आन्दोलन चलाएँ। उत्तर भारत का 'दलित स्त्रीवाद' इसी का परिणाम है।

'कात्तारू' के उपरोक्त समारोह के दौरान थमराईकन्नन ने इस बात पर लगातार बल दिया कि जैसे भी हो, जल्दी से जल्दी हिन्दी में पेरियार का साहित्य उपलब्ध हो। वे इसके लिए अपने संगठन से आर्थिक संसाधन भी जुटाने के लिए तत्पर थे। मैंने उन्हें आश्वस्त किया कि मैं इसके लिए हरसंभव कोशिश करूंगा। उसी आयोजन के दौरान तय हुआ कि पेरियार का कुछ साहित्य अंग्रेजी से ही अनूदित कर हिन्दी में प्रकाशित किया जाए और हम तमिल साथियों के सहयोग से अनुवाद को मूल के अधिकाधिक निकट लाने की कोशिश करें। कन्नन ने मुझे कुछ ही समय बाद पांडिचेरी विश्वविद्यालय में अंग्रेजी के प्राध्यापक टी. मार्क्स द्वारा अंग्रेजी में अनूदित पेरियार के लेखों व भाषणों के संग्रह 'ऑन कास्ट एंड रिलीजन' की

पांडुलिपि हिन्दी अनुवाद के लिए उपलब्ध करवा दी, जिसके कुछ अंशों को इस शृंखला में शामिल किया गया है। शृंखला के अन्य हिस्सों को हमने अलग-अलग अंग्रेजी पुस्तकों व अन्य स्रोतों से चयनित किया है।

फिलहाल इसके तहत तीन किताबें एक साथ 'जाति व्यवस्था और पितृसत्ता', 'धर्म और विश्व दृष्टि', तथा 'सच्ची रामायण' शीर्षक से प्रकाशित हो रही है। इनमें सम्बन्धित विषयों पर पेरियार के लेख और भाषण हैं। इसके अतिरिक्त सभी खंडों में सम्बन्धित विषय के अध्येताओं के आलोचनात्मक लेख तथा पेरियार के जीवन का वर्षवार लेखाजोखा दिया गया है।

यह पुस्तक-शृंखला थमराईकन्नन के निरन्तर तकाजों के कारण ही संभव हो सकी। शृंखला में समाहित सामग्री का एक हिस्सा 'पेरियार के प्रतिनिधि विचार' शीर्षक से 'द मार्जिनलाइज्ड प्रकाशन' से वर्ष 2016 में प्रकाशित हुआ था। आज यह जिस रूप में प्रकाशित हो रही है, उसमें कई लोगों की भूमिका रही है। ललई सिंह द्वारा प्रकाशित सच्ची रामायण का अंग्रेजी संस्करण से मिलान और पुनः पूरी पुस्तक का नया और सटीक अनुवाद, तमिल भाषा के शब्दों के सही भावार्थ को समझने के लिए तमिल भाषी साथियों से निरन्तर सम्पर्क एक बहुत श्रमसाध्य काम था, जिसे मित्र अशोक झा ने अपनी अनेक व्यस्तताओं के बीच पूरी प्रतिबद्धता से पूर्ण किया।

'द मार्जिनलाइज्ड प्रकाशन' के निदेशक मित्र संजीव चन्दन, ग्राफिक डिजाइनर राजन कुमार, लेखक व अनुवाद ओमप्रकाश कश्यप, दलित चिन्तक कंवल भारती, युवा शोधार्थी धर्मवीर गगन के परामर्शों इसे समृद्ध किया है। इन सभी का आभार! मित्र डॉ. सिद्धार्थ जिस प्रकार इसके सम्पादन की पूरी प्रकिया में साथ बने रहे, उसके लिए आभार शब्द तो पर्याप्त नहीं ही होगा।

उम्मीद करता हूँ कि इन मित्रों के सहयोग से तैयार यह पुस्तक हिन्दी पाठकों के लिए उपयोगी साबित होगी और हम अब कह सकेंगे कि पेरियार हिन्दी पट्टी में भी परिचय के मोहताज नहीं हैं। हालाँकि यह सच है कि हिन्दी में पेरियार की मौजूदगी को बढ़ाने के लिए अभी काफी काम किया जाना है। उनके सम्पूर्ण वाङ्मय का सरल और सटीक हिन्दी अनुवाद होना चाहिए, वह भी सीधे तमिल से। तमिल और हिन्दी पट्टी के सांस्कृतिक अंतर

के कारण कई जगह अंग्रेजी से हिन्दी अनुवाद में चूक और अस्पष्टता बनी रहती है। इस किताब को तैयार करते हुए हमें इस कमी से निरन्तर जूझना पड़ा। उम्मीद है आने वाले वर्षों में यह संभव हो सकेगा।

फिर भी, जितना हो सका, उसका श्रेय उपरोक्त मित्रों को ही है, अगर कुछ कमियाँ हैं तो उसकी सारी जिम्मेदारी सिर्फ मेरी है।

—प्रमोद रंजन

पेरियार की दृष्टि में रामकथा

सुरेश पंडित

राम हिन्दुओं के सिर्फ आदर्श महापुरुष ही नहीं, परम पूजनीय देवता भी हैं। उनके जीवन को लेकर हिन्दी और संस्कृत के अतिरिक्त अन्य भारतीय भाषाओं में बड़ी संख्या में रामकाव्य लिखे गए हैं। ये महाकाव्य उनको अतिमानवीय तो प्रदर्शित करते ही हैं, उन्हें दुनियाभर के सारे अनुकरणीय गुणों से सम्पन्न भी दिखाते हैं। यदि कोई समस्त श्रेष्ठ विशेषणों से विभूषित धीरोदात्त नायक की छवि को अविकल रूप में देखना चाहता है, तो उसकी यह इच्छा राम पर लिखे किसी भी महाकाव्य को पढ़कर पूरी हो सकती है। इसलिए उन पर लिखे गए काव्यों को न केवल भक्तिभाव से पढ़ा व सुना जाता है, बल्कि उनके चरित्र की रंगमंच प्रस्तुति को भाव विभोर होकर देखा भी जाता है। लेकिन, ऐसे भी लोग हैं और उनकी संख्या निश्चय ही नगण्य नहीं है, जो राम के इस महिमामंडन से अभिभूत नहीं होते और उनकी सर्वश्रेष्ठता को चुनौती देते हैं। उन्हें लगता है कि राम को पुरुषोत्तम के रूप में प्रतिष्ठित करने की हठीली मनोवृत्ति ने जानबूझकर उनके आसपास विचरने वाले चरित्रों को बौना बनाया है। साथ ही उनका विरोध करने वालों को दुनिया की सारी बुराइयों का प्रतीक बनाकर लोगों की नजरों में घृणास्पद भी बना दिया जाता है।

ऐसे लोग जब पत्र-पत्रिकाओं या पुस्तकों के जरिये अपनी बात रखने लगते हैं, तो उन्हें नास्तिक, धर्मद्रोही एवं बुराई के प्रतीक रावण का वंशज घोषित कर उनकी आवाज को दबाने की कोशिश की जाती है और अधिसंख्य हिन्दुओं की धार्मिक भावनाओं को आहत करने की कुचेष्टा बताकर प्रतिबन्धित कर दिया जाता है। लेकिन, सारे खतरों का मुकाबला करते हुए भी लोग अपनी बात कहने से चूकते नहीं। राम के आदर्श चरित्र का गुणगान करने वाली सैकड़ों रामकथाओं के बरअक्स कई ऐसी किताबें आई हैं या आ रही हैं, जो रामायण की अपने ढंग से व्याख्या करती हैं और राम के विशालकाय व्यक्तित्व के सामने निरीह या दुष्ट बनाए गए चरित्रों की व्यथा-कथा कहती हैं। राम के चरित्रगत दोषों को उजागर कर वे इन उपेक्षित, उत्पीड़ित लोगों के प्रति हुए अन्यायों एवं अत्याचारों को सामने रखती हैं। ऐसी ही एक किताब का नाम है 'सच्ची रामायण'; 'द रामायण : अ ट्रू रीडिंग' का अनुवाद, जिसे 14 सितम्बर, 1969 को महज इस वजह से उत्तर प्रदेश सरकार ने प्रतिबन्ध लगाकर जब्त कर लिया था; क्योंकि वह अन्य रामायणों की तरह राम के विश्ववन्द्य स्वरूप को ज्यों-का-त्यों प्रस्तुत नहीं करती। इस रामायण के लेखक हैं—ई.वी. रामासामी पेरियार।

उन्होंने तमिल में एक पुस्तक लिखी; जिसमें वाल्मीकि द्वारा लिखित एवं उत्तर भारत में विशेष रूप से लोकप्रिय रामायण की इस आधार पर कटु आलोचना की कि इसमें उत्तर भारत की आर्य जातियों को अत्यधिक महत्त्व दिया गया है और दक्षिण भारतीय द्रविड़ों को क्रूर, हिंसक, अत्याचारी जैसे विशेषण लगाकर न केवल अपमानित किया गया है; बल्कि राम-रावण कलह को केन्द्र बनाकर राम की रावण पर विजय को दैवी शक्ति की आसुरी शक्ति पर, सत्य की असत्य पर और अच्छाई की बुराई पर विजय के रूप में गौरवान्वित किया गया है। इसका अंग्रजी अनुवाद 'द रामायण : अ ट्रू रीडिंग' के नाम से वर्ष 1959 में किया गया। इस अंग्रेजी अनुवाद का हिन्दी में रूपान्तरण 1968 में 'रामायण : एक अध्ययन' के नाम से किया गया। उल्लेखनीय है कि ये तीनों ही संस्करण काफी लोकप्रिय हुए। क्योंकि, इसके माध्यम से पाठक अपने आदर्श नायक-नायिकाओं के उन पहलुओं

से अवगत हुए, जो अब तक उनके लिए वर्जित एवं अज्ञात बने हुए थे। ध्यान देने योग्य तथ्य यह सामने आया कि इनकी मानवोचित कमजोरियों के प्रकटीकरण ने लोगों में किसी तरह का विक्षोभ या आक्रोश पैदा नहीं किया; बल्कि इन्हें अपने जैसा पाकर इनके प्रति उनकी आत्मीयता बढ़ी और अन्याय, उत्पीड़नग्रस्त पात्रों के प्रति सहानुभूति पैदा हुई।

लेकिन, जो लोग धर्म को व्यवसाय बना रामकथा को बेचकर अपना पेट पाल रहे थे, उनके लिए यह पुस्तक आंख की किरकिरी बन गई। क्योंकि, राम को अवतार बनाकर ही वे उनके चमत्कारों को मनोग्राह्य और कार्यों को श्रद्धास्पद बनाए रख सकते थे। यदि राम सामान्य मनुष्य बन जाते हैं और लोगों को कष्टों से मुक्त करने की क्षमता खो देते हैं, तो उनकी कथा भला कौन सुनेगा और कैसे उनकी व उन जैसों की आजीविका चलेगी? इसीलिए प्रचारित यह किया गया कि इससे सारी दुनिया में बसे करोड़ों राम-भक्तों की भावनाओं के आहत होने का खतरा पैदा हो गया है। इसलिए, इस पर पाबन्दी लगाई जानी जरूरी है; और पाबन्दी लगा भी दी गई। लेकिन, इलाहाबाद उच्च न्यायालय ने बाद में प्रतिबन्ध हटा दिया और अपने फैसले में स्पष्ट कहा कि *"हमें यह मानना सम्भव नहीं लग रहा है कि इसमें लिखी बातें आर्य लोगों के धर्म को अथवा धार्मिक विश्वासों को चोट पहुँचाएँगी। ध्यान देने लायक तथ्य यह है कि मूल पुस्तक तमिल में लिखी गई थी और इसका स्पष्ट उद्देश्य तमिल भाषी द्रविड़ों को यह बताना था कि रामायण में उत्तर भारत के आर्य—राम, सीता, लक्ष्मण आदि का उदात्त चरित्र और दक्षिण भारत के द्रविड़—रावण, कुंभकरण, शूर्पणखा आदि का घृणित चरित्र दिखाकर तमिलों का अपमान किया गया है। उनके आचरणों, रीति-रिवाजों को निन्दनीय दिखलाया गया है। लेखक का उद्देश्य जानबूझकर हिन्दुओं की भावनाओं को ठेस पहुँचाने की बजाय अपनी जाति के साथ हुए अन्याय को दिखलाना भी तो हो सकता है। निश्चय ही ऐसा करना असंवैधानिक नहीं माना जा सकता। ऐसा करके उसने उसी तरह अपनी अभिव्यक्ति की स्वतंत्रता के संवैधानिक अधिकार का उपयोग किया है, जैसे रामकथा प्रेमी आर्यों को श्रेष्ठ बताकर ये सब करते आ रहे हैं। इस तरह तो कल दलितों*

का वह सारा साहित्य भी प्रतिबन्धित हो सकता है, जो दलितों के प्रति हुए अमानवीय व्यवहार के लिए खुल्लमखुल्ला सवर्ण लोगों को कठघरे में खड़ा करता है।"

यह कैसे न्यायसंगत हो सकता है कि लोग रामायण, महाभारत, गीता आदि धार्मिक ग्रंथों को तो पढ़ते रहें, पर उनकी आलोचनाओं को पढ़ने से उन्हें रोक दिया जाए? जहाँ तक जनभावनाओं का सवाल है, तो इसका एकतरफा पक्ष नहीं हो सकता। यदि राम और सीता की आलोचना से लोगों को चोट लगती है तो शूद्रों, दलितों व स्त्रियों के बारे में जो कुछ हिन्दू धर्म ग्रंथों में लिखा गया है, क्या उससे वे आहत नहीं होते? क्या यह कम विचारणीय है?

वस्तुत: पेरियार की 'सच्ची रामायण' ऐसी अकेली रामायण नहीं है, जो लोक प्रचलित मिथकों को चुनौती देती है और रावण के बहाने द्रविड़ों के प्रति किए गए अन्याय का पर्दाफाश कर उनके साथ मानवोचित न्यायपूर्ण व्यवहार करने की माँग करती है। दक्षिण से ही एक और रामायण अगस्त 2004 में आई है; जो उसकी अन्तर्वस्तु का समाजशास्त्रीय विश्लेषण करती है और पूरी विश्वासोत्पादक तार्किकता के साथ प्रमाणित करती है कि राम में और अन्य राजाओं में चारित्रिक दृष्टि से कहीं कोई फर्क नहीं है। वह भी अन्य राजाओं की तरह प्रजाशोषक, साम्राज्य विस्तारक और स्वार्थ सिद्धि हेतु कुछ भी कर गुजरने के लिए सदा तत्पर दिखाई देते हैं। परन्तु, यहाँ हम पेरियार की नजरों से ही वाल्मीकि की रामायण को देखने की कोशिश करते हैं।

वाल्मीकि रामायण में अनेक प्रसंग ऐसे हैं, जो तर्क की कसौटी पर तो खरे उतरते ही नहीं। जैसे उसमें लिखा है कि दशरथ 60 हजार वर्ष तक जीवित रह चुकने पर भी कामवासना से मुक्त नहीं हो पाए। इसी तरह वह यह भी प्रकट करती है कि उनकी केवल तीन ही पत्नियाँ नहीं थीं। इन उद्धरणों के जरिये पेरियार दशरथ के कामुक चरित्र पर से तो पर्दा उठाते ही हैं, यह भी साबित करते हैं कि उस जमाने में स्त्रियाँ केवल भोग्या थीं। समाज में इससे अधिक उनका कोई महत्त्व नहीं था। दशरथ को अपनी किसी स्त्री से

प्रेम नहीं था; क्योंकि यदि होता, तो अन्य स्त्रियों की उन्हें आवश्यकता ही नहीं होती। सच्चाई यह भी है कि कैकेयी से उनका विवाह ही इस शर्त पर हुआ था कि उससे पैदा होने वाला पुत्र उनका उत्तराधिकारी होगा। इस शर्त को नजरअन्दाज करते हुए उन्होंने राम को राजपाट देना चाहा, जो उनका गलत निर्णय था। राम को भी पता था कि असली राजगद्दी का हकदार भरत है, वह नहीं। यह जानते हुए भी वह राजा बनने को तैयार हो जाते हैं। पेरियार के मतानुसार यह उनके सत्तालोलुप/राज्यलोलुप होने का प्रमाण है।

कैकेयी जब अपनी शर्तें याद दिलाती हैं और राम को वन भेजने की जिद पर अड़ जाती हैं, तो दशरथ उसे मनाने के लिए कहते हैं—'मैं तुम्हारे पैर पकड़ लेने को तैयार हूँ; यदि तुम राम को वन भेजने की जिद को छोड़ दो।' पेरियार एक राजा के इस तरह के व्यवहार को बहुत निम्नकोटि का करार देते हैं और उन पर वचन भंग करने तथा राम के प्रति अन्धा मोह रखने का आरोप लगाते हैं।

राम के बारे में पेरियार का मत है कि वाल्मीकि के राम विचार और कर्म से धूर्त थे। झूठ, कृतघ्नता, दिखावटीपन, चालाकी, कठोरता, लोलुपता, निर्दोष लोगों को सताना और कुसंगति जैसे अवगुण उनमें कूट-कूटकर भरे थे। पेरियार कहते हैं कि जब राम ऐसे थे, तो फिर राम अच्छे और रावण बुरे कैसे हो गए?

उनका मत है कि चालाक ब्राह्मणों ने इस तरह के गैर-ईमानदार, निर्वीर्य, अयोग्य और चरित्रहीन व्यक्ति को देवता बना दिया और अब वे हमसे अपेक्षा करते हैं कि हम उनकी पूजा करें! जबकि, वाल्मीकि स्वयं मानते हैं कि राम न तो कोई देवता थे और न उनमें कोई दैवी विशेषताएँ थीं। लेकिन, रामायण तो आरम्भ ही इस प्रसंग से होती है कि राम में विष्णु के अंश विद्यमान थे। उनके अनेक कृत्य अतिमानवीय हैं। जैसे उनका लोगों को शापमुक्त करना, जगह-जगह दैवी शक्तियों से संवाद करना, आदि। क्या ये काम उनके अतिमानवीय गुणों से सम्पन्न होने को नहीं दर्शाते?

उचित प्यार और सम्मान न मिलने के कारण सुमित्रा और कौशल्या दशरथ की देखभाल पर विशेष ध्यान नहीं देती थीं। वाल्मीकि रामायण के

अनुसार, जब दशरथ की मृत्यु हुई तब भी वे सो रही थीं और विलाप करती दासियों ने जब उन्हें यह दुखद खबर दी, तब भी वे बड़े आराम से उठकर खड़ी हुईं। इस प्रसंग को लेकर पेरियार की टिप्पणी है—'इन आर्य महिलाओं को देखिए! अपने पति की देखभाल के प्रति भी वे कितनी लापरवाह थीं।' फिर वे इस लापरवाही के औचित्य पर भी प्रकाश डालते हैं।

पेरियार राम में तो इतनी कमियाँ निकालते हैं, किन्तु रावण को वे सर्वथा दोषमुक्त मानते हैं। वे कहते हैं कि स्वयं वाल्मीकि रावण की प्रशंसा करते हैं और उनमें दस गुणों का होना स्वीकार करते हैं। उनके अनुसार रावण महापंडित, महायोद्धा, सुन्दर, दयालु, तपस्वी और उदार हृदय जैसे गुणों से विभूषित था। जब हम वाल्मीकि के कथनानुसार राम को पुरुषोत्तम मानते हैं, तो उनके द्वारा दर्शाये इन गुणों से सम्पन्न रावण को उत्तम पुरुष क्यों नहीं मान सकते? सीताहरण के लिए रावण को दोषी ठहराया जाता है। लेकिन, पेरियार कहते हैं कि वह सीता को जबरदस्ती उठाकर नहीं ले गए थे; बल्कि सीता स्वेच्छा से उनके साथ गई थीं। इससे भी आगे पेरियार यहाँ तक कहते हैं कि सीता अन्य व्यक्ति के साथ इसलिए चली गई थीं, क्योंकि उनकी प्रकृति ही चंचला थी और उनके पुत्र लव और कुश रावण के संसर्ग से ही उत्पन्न हुए थे। सीता की प्रशंसा में पेरियार एक शब्द तक नहीं कहते। अपनी इस स्थापना को पुष्ट करने के लिए वह निम्न दस तर्क देते हैं—

1. सीता के जन्म की प्रामाणिकता सन्देहास्पद है। उन्हें भूमिपुत्री प्रचारित करते हुए यह कहा जाता है कि राजा जनक को वह पृथ्वी के गर्भ से प्राप्त हुई थीं। जबकि पेरियार का कथन है कि वह वास्तव में किसी 'बदचलन' की सन्तान थीं, जिन्हें उसने अपना दुष्कर्म छुपाने के लिए फेंक दिया था। 'बदचलन स्त्री' की सन्तान का भी वैसा ही होना अस्वाभाविक नहीं है। इस सम्बन्ध में पेरियार स्वयं सीता के शब्द उद्धृत करते हैं—'मेरे तरुणाई प्राप्त कर लेने के बाद भी कोई राजकुमार मेरा हाथ माँगने नहीं आया। क्योंकि, मेरे जन्म को लेकर मुझ पर एक कलंक लगा हुआ है।' इसी बात को आगे बढ़ाते हुए वह कहते हैं—'जनक सीता की आयु 25 वर्ष की हो

जाने तक कोई उपयुक्त वर नहीं तलाश पाए। हारकर उन्होंने अपनी व्यथा से ऋषि विश्वामित्र को अवगत करवाया और सहायता की याचना की; तब विश्वामित्र सीता की आयु से काफी छोटे राम को लेकर आए और सीता ने उनसे विवाह करने में तनिक भी आपत्ति नहीं की। इससे प्रमाणित होता है कि सीता हताश हो किसी को भी पति के रूप में स्वीकार करने के लिए व्याकुल थीं।'

2. पेरियार का दूसरा तर्क भरत और सीता के सम्बन्धों को लेकर है। जब राम ने वन जाने का निर्णय कर लिया, तो सीता ने अयोध्या में रहने से बिलकुल इनकार कर दिया। इसका कारण यह था कि विवाह के कुछ दिनों बाद से ही भरत ने सीता का तिरस्कार करना शुरू कर दिया था। राम स्वयं भी सीता से कहते हैं कि तुम भरत की प्रशंसा के लायक नहीं हो। आगे सीता फिर कहती हैं—'मैं भरत के साथ नहीं रह सकती। क्योंकि, वह मेरी अवज्ञा करता है। मैं क्या करूँ? वह मुझे पसन्द नहीं करता। मैं उसके साथ कैसे रह सकती हूँ?' सीता की ये स्वीकारोक्तियाँ भी उनके चरित्र को सन्देहास्पद बनाती हैं। आखिर भरत सीता को क्यों नापसन्द करते थे? यह सवाल सीधा-सीधा सीता के चरित्र पर उँगली उठाता है।
3. सीता हीरे-जवाहरात के आभूषणों के पीछे पागल रहती हैं। राम जब उन्हें अपने साथ वन ले जाने को तैयार हो जाते हैं, तो उन्हें सारे आभूषण उतारकर वहीं रख देने को कहते हैं। सीता अनिच्छापूर्वक ऐसा करती तो हैं, पर चोरी-छुपे कुछ अपने साथ भी रख लेती हैं। रावण जब उन्हें हरकर ले जाते हैं, तब वह उनमें से एक-एक उतारकर डालती जाती हैं। अशोक वाटिका में भी वह अपनी मुद्रिका हनुमान को पहचान के लिए देती हैं। तात्पर्य यह कि आभूषणों के प्रति उनका इस हद तक मोह यह तो स्पष्ट करता ही है कि वह इनके लिए अपने पति की आज्ञा की भी अवहेलना कर सकती हैं। यह प्रसंग यह भी जताता है कि वह उसके लिए अनैतिक समझौते भी कर सकती हैं।

4. सीता मिथ्याभाषिणी हैं। वह उम्र में बड़ी होकर भी राम को तथा रावण को अपनी उम्र कम बताती हैं। उनकी आदत उनके चरित्र पर शंका उत्पन्न करती है।
5. सीता को वन में अकेला इसीलिए छोड़ा जाता है, ताकि रावण उन्हें आसानी से ले जा सकें। वह स्वयं भी राम को स्वर्ण मृग के पीछे और लक्ष्मण को राम की रक्षा के लिए भेजती हैं; जिससे वह अकेली हों और स्वेच्छा से काम करें।
6. सीता लक्ष्मण को बहुत कठोर शब्दों में फटकारती हैं और यहाँ तक कह देती हैं कि वह उसे पाना चाहता है इसीलिए राम को बचाने नहीं जाता। उनके इस तरह के आरोप उनकी कलुषित मानसिकता को प्रकट करते हैं।
7. एक बाहरी व्यक्ति (रावण) आता है और सीता के अंग-प्रत्यंगों की सुन्दरता का; यहाँ तक कि स्तनों की स्थूलता व गोलाई का भी वर्णन करता है और वह चुपचाप सुनती रहती हैं। इससे भी उनकी चारित्रिक दुर्बलता प्रकट होती है।
8. सीता अपहरण कर ले जाते समय रावण को अनेक प्रकार का शाप देती हैं। यदि वह सचमुच सती पतिव्रता होतीं, तो रावण को तभी भस्मीभूत हो जाना चाहिए था। लेकिन, वह तो जैसे ही रावण के महल में प्रविष्ट होती हैं, उनका रावण के प्रति प्रेम बढ़ने लगता है।
9. जब रावण सीता से शादी करने के लिए निवेदन करते हैं, तो वह मना तो करती हैं; लेकिन आँखें बन्द करके सुबकने भी लगती हैं। पेरियार उनके इस व्यवहार पर शंका जताते हैं।
10. पेरियार सीता के रावण के प्रति आकर्षित होने के दो प्रमाण और देते हैं—(क) चन्द्रावती की बंगाली रामायण से एक घटना का वह उल्लेख करते हैं—राम की बड़ी बहन कुंकुवती उन्हें धीरे से यह बताती हैं कि सीता ने कोई तस्वीर बनाई है और वह उसे किसी को दिखाती नहीं हैं। उस तस्वीर को वह छाती से लगाए

हुए हैं। राम स्वयं सीता के कमरे में जाते हैं और वैसा ही पाते हैं। वह तस्वीर रावण की होती है। (ख) सीआर श्रीनिवास अयंगर की पुस्तक 'नोट्स ऑन रामायण' में भी सीता रावण की तस्वीर बनाते हुए राम के द्वारा रंगे हाथों पकड़ी जाती हैं।

अन्त में पेरियार उस प्रसंग का वर्णन करते हैं, जब अयोध्या में राम सीता से अपने सतीत्व को साबित करने के लिए शपथ खाने को कहते हैं। वह ऐसा करने से मना कर देती हैं और पृथ्वी में समा जाती हैं। रामभक्त इसे सीता के सतीत्व की चरमावस्था घोषित करते हैं। जबकि, पेरियार कहते हैं कि अपने को सच्चरित्र प्रमाणित न कर पाने के कारण ही सीता जमीन में गड़ जाती हैं।

क्या ऐसे राम और ऐसी रामायण कथा आदर व श्रद्धा के लायक बन सकती है, यह सवाल है पेरियार का। दरअसल, पेरियार ने इसे एक ऐसे लम्बे निबन्ध के रूप में लिखा है; जिसमें पहले रामायण पर उनके विचार दिए गए हैं और बाद में उसके हर चरित्र की आलोचना की गई है।

रामायण के बारे में वह बड़ी साफगोई से कहते हैं कि रामायण वास्तव में कभी घटित नहीं हुई। वह तो एक काल्पनिक गल्प मात्र है। राम न तो तमिल थे और न तमिलनाडु से उनका कोई सम्बन्ध था। वह तो धुर उत्तर भारतीय थे। इसके विपरीत रावण उस लंका के राजा थे, जो तमिलनाडु के दक्षिण में है। यही कारण है राम और सीता न केवल तमिल विशेषताओं से रहित हैं, बल्कि उनमें देवत्व के लक्षण भी दिखाई नहीं देते। महाभारत की तरह यह भी एक पौराणिक कथा है; जिसे आर्यों ने यह दिखाने के लिए रचा है कि वे जन्मजात उदात्त मानव हैं, जबकि द्रविड़ लोग जन्मना अधम, अनाचारी हैं। इसका मुख्य उद्‌देश्य ब्राह्मणों की श्रेष्ठता, स्त्रियों की दोयम दर्जे की हैसियत और द्रविड़ों को निन्दनीय प्रदर्शित करना है।

इस तरह के महाकाव्य जानबूझकर उस संस्कृत भाषा में लिखे गए, जिसे वे देवभाषा कहते थे और जिसका पढ़ना निम्न जातियों के लिए निषिद्ध था। वे इन्हें ऐसी महान आत्माओं द्वारा रचित प्रचारित करते हैं, जो सीधे स्वर्ग से दुनिया का उद्धार करने के लिए अवतरित हुई थीं; ताकि इनकी कथाओं

को सच्चा माना जाए और इनके पात्रों व घटनाओं पर कोई सवाल न उठाए जाएँ। आर्यों ने जब प्राचीन द्रविड़ भूमि पर आक्रमण किया, तब उनके साथ दुर्व्यहार तो किया ही, उनका अपमान भी किया और अपने इस कृत्य को न्यायोचित व प्रतिष्ठा योग्य बनाने के लिए उन्होंने इन्हें ऐसे राक्षस बनाकर पेश किया, जो सज्जनों के हर अच्छे कामों में बाधा डालते थे। श्रेष्ठ जनों को तपस्या करने से रोकना, धार्मिक अनुष्ठानों को अपवित्र करना, पराई स्त्रियों का अपहरण करना, मदिरापान, मांसभक्षण एवं अन्य सभी प्रकार के दुराचरण करना इन्हें अच्छा लगता था। इसलिए, ऐसे आततायियों को दंडित करना आर्य पुरुषों की कर्तव्यपरायणता को दर्शाता है। अब यदि तमिलजन इस तरह की रामायण की प्रशंसा करते हैं, तो वे अपने अपमान को एक तरह से सही ठहराते हैं और स्वयं अपने आत्मसम्मान को क्षति पहुँचाते हैं।

शिक्षित तमिल जब कभी रामायण की चर्चा करते हैं, तो उनका आशय 'कम्ब रामायण' से होता है। यह रामायण वाल्मीकि की संस्कृत में लिखी रामायण का कम्बन कवि द्वारा तमिल में किया गया अनुवाद है। लेकिन, पेरियार मानते हैं कि कम्बन ने भी वाल्मीकि की रामायण की विकारग्रस्त प्रवृत्ति और सच्चाई को छुपाया है और कथा को कुछ ऐसा मोड़ दिया है, जो तमिल पाठकों को भरमाता है। इसलिए वे इस रामायण की जगह आनन्द चारियार, नटेश शायारि, सीआर श्रीनिवास अयंगर और नरसिंह चारियार के अनुवादों को पढ़ने की सिफारिश करते हैं।

सच्ची रामायण

ई.वी. रामासामी नायकर 'पेरियार' (17 सितम्बर, 1879—24 दिसम्बर, 1973) हमारे समय के महानतम चिन्तकों और विचारकों में से एक हैं। वे तर्कवादी हैं। मानवीय विवेक पर भरोसा करते हैं। किसी भी किस्म की अंधश्रद्धा, कूपमंडूकता, जड़ता, अतार्किकता और विवेकहीनता उन्हें स्वीकार्य नहीं है। वर्चस्व, अन्याय, असमानता, पराधीनता और अज्ञानता के हर रूप को वे चुनौती देते हैं। उनकी विशिष्ट तर्कपद्धति, तेवर और अभिव्यक्ति शैली के चलते जून, 1970 में यूनेस्को ने उन्हें 'आधुनिक युग का मसीहा', 'दक्षिण-पूर्वी एशिया का सुकरात', 'समाज सुधारवादी आन्दोलनों का पितामह' तथा 'अज्ञानता, अन्धविश्वास, रूढ़िवाद और निरर्थक रीति-रिवाजों का कट्टर दुश्मन' स्वीकार किया है। उन्हें वाल्तेयर की श्रेणी का दार्शनिक, चिन्तक, लेखक और वक्ता माना जाता है।

'सच्ची रामायण' उनकी एक चर्चित कृति है।

पेरियार रामायण को धार्मिक किताब नहीं मानते थे। उनका कहना था कि यह एक राजनीतिक पुस्तक है; जिसे ब्राह्मणों ने दक्षिणवासी अनार्यों पर उत्तर के आर्यों की विजय और प्रभुत्व को जायज ठहराने के लिए लिखा। यह गैर-ब्राह्मणों पर ब्राह्मणों और महिलाओं पर पुरुषों के वर्चस्व का भी

उपकरण है। रामायण की मूल अन्तर्वस्तु को उजागर करने के लिए पेरियार ने 'वाल्मीकि रामायण' के ब्राह्मणों द्वारा किए गए अनुवादों सहित; अन्य राम-कथाओं, जैसे—'कम्ब रामायण', 'तुलसीदास की रामायण' (रामचरितमानस), 'बौद्ध रामायण', 'जैन रामायण' आदि के अनुवादों तथा उनसे सम्बन्धित ग्रंथों का सम्यक अध्ययन किया था। इसके साथ ही उन्होंने रामायण के बारे में विद्वान अध्येताओं और इतिहासकारों की टिप्पणियों का भी गहन अध्ययन किया। उन्होंने करीब चालीस वर्षों तक अध्ययन करने के बाद तमिल भाषा में लिखी पुस्तक 'रामायण पादीरंगल' में उसका निचोड़ प्रस्तुत किया। यह पुस्तक 1944 में तमिल भाषा में प्रकाशित हुई थी। इसका जिक्र पेरियार की पत्रिका 'कुदी आरसू' (गणतंत्र) के 16 दिसम्बर, 1944 के अंक में किया गया है। इसका अंग्रेजी अनुवाद द्रविड़ कड़गम पब्लिकेशन्स ने 'द रामायण: अ ट्रू रीडिंग' नाम से 1959 में प्रकाशित किया गया। इसका हिन्दी अनुवाद 1968 में 'सच्ची रामायण' नाम से किया गया। हिन्दी अनुवाद के प्रकाशक ललई सिंह यादव और अनुवादक राम आधार थे। ललई सिंह यादव उत्तर प्रदेश-बिहार के प्रसिद्ध मानवतावादी संगठन 'अर्जक संघ' से जुड़े लोकप्रिय सामाजिक-राजनीतिक कार्यकर्ता थे।

मैंने अपनी इस किताब के पहले संस्करण में राम आधार जी द्वारा अनुवादित और ललई सिंह द्वारा प्रकाशित 'सच्ची रामायण' को समाहित किया था। लेकिन, निरन्तर यह लगता रहा कि 'सच्ची रामायण' का एक शुद्ध, सटीक और प्रवाहमय अनुवाद नए सिरे से कराना चाहिए। इस संस्करण में सच्ची रामायण का एक नया अनुवाद समाहित किया गया है। उम्मीद है कि नया अनुवाद पाठकों की उम्मीद पर खरा उतरेगा।

—संपादक

पेरियार की तमिल कृति 'रामायण पादीरंगल' के अंग्रेजी अनुवाद
'द रामायण : अ ट्रू रीडिंग' का अविकल हिन्दी अनुवाद

सच्ची रामायण

अनुवाद
अशोक झा

प्रस्तावना

रामायण किसी ऐतिहासिक तथ्य पर आधारित नहीं है। यह एक कल्पना है। रामायण के अनुसार, राम न तो तमिल था और न ही तमिलनाडु का रहने वाला था। वह उत्तर भारतीय था। रावण लंका यानी दक्षिण यानी तमिलनाडु के राजा थे; जिनकी हत्या राम ने की। राम में तमिल-सभ्यता (कुरल संस्कृति) का लेश मात्र भी नहीं है। उसकी पत्नी सीता भी उत्तर भारतीय चरित्र की है। तमिल विशेषताओं से रहित है। वह उत्तरी भारत की रहने वाली थी। रामायण में तमिलनाडु के पुरुषों और महिलाओं को बन्दर और राक्षस कहकर उनका उपहास किया गया है।

रामायण में जिस लड़ाई का वर्णन है, उसमें उत्तर का रहने वाला कोई भी (ब्राह्मण) या आर्य (देव) नहीं मारा गया। एक आर्य-पुत्र के बीमारी के कारण मर जाने की कीमत रामायण में एक शूद्र को अपनी जान देकर चुकानी पड़ती है। वे सारे लोग, जो इस युद्ध में मारे गए; वे तमिल थे। जिन्हें राक्षस कहा गया।

रावण राम की पत्नी सीता को हर ले गया; क्योंकि राम ने उसकी बहन 'शूर्पणखा' का अंग-भंग किया व उसका रूप बिगाड़ दिया था। रावण के इस काम के कारण लंका क्यों जलाई गई? लंका निवासी क्यों मारे गए?

रामायण की कथा का उद्‌देश्य तमिलों को नीचा दिखाना है। तमिलनाडु में इस कथा के प्रति सम्मान जताना तमिल समुदाय और देश के आत्मसम्मान के लिए खतरनाक और अपमानजनक है। राम या सीता के चरित्र में ऐसा कुछ भी नहीं है, जिसे दैवीय कहा जाए।

जिस तरह तथाकथित आजादी मिलने के बाद गोरे लोगों की मूर्तियों को हटा दिया गया और उनके नामों पर रखे गए स्थानों के नामों को मिटा दिया गया तथा उनकी जगह भारतीय नाम रख दिए गए। उसी तरह आर्य देवताओं और उनकी महत्ता बताने वाली हर बात को मिटा देना चाहिए; जो तमिलों के प्रति आदर और सम्मान की भावनाओं को आघात पहुँचाते हैं। हर तमिल, जिसकी नसों में शुद्ध द्रविड़ खून बहता है; उसको इसे अपना कर्तव्य समझकर ऐसा करने की शपथ लेनी है।

—*ई.वी. रामासामी पेरियार*

प्रकाशकीय

(अंग्रेजी संस्करण से)

रामायण के विषय में किए गए अनुसंधान का एक श्रेष्ठ अंश यहाँ प्रस्तुत किया गया है। इस पुस्तिका के लेखक ई.वी. रामासामी पेरियार हैं। वे दक्षिण में द्रविड़ आन्दोलन के नेता हैं। उन्होंने करीब चालीस वर्षों से अधिक समय तक रामायण का गहन अध्ययन किया और उस पर गम्भीर चिन्तन किया। यह सब उन्होंने तमिलनाडु के एक छोर से दूसरे छोर तक प्रतिदिन प्रचार कार्य की अन्य गतिविधियों में व्यस्त रहते हुए किया।

लेखक ने 'वाल्मीकि रामायण' के ब्राह्मणों द्वारा किए गए अच्छे अनुवादों को पढ़ा है। इसके साथ ही उन्होंने अन्य रामायणों जैसे 'कम्ब रामायण', 'तुलसीदास की रामायण' (रामचरितमानस), 'बौद्ध रामायण', 'जैन रामायण' आदि के अनुवादों का भी सम्यक अध्ययन किया है। यह वयोवृद्ध लेखक (जो अब 80 वर्ष के हो चुके हैं), आज भी उसी प्रेरणादायी अभिरुचि और प्रतिबद्धता के साथ इस महाकाव्य की विसंगतियों, उसकी बेतुकी बातों, उसके विरोधाभासों और उसकी बेहूदगी का भंडाफोड़ करने के लिए उक्त महाकाव्यों का अध्ययन कर रहे हैं।

हमने इस रामायण का नाम 'द रामायण—अ ट्रू रीडिंग' (रामायण का सच्चा अध्ययन) क्यों रखा है? इसलिए, क्योंकि साहित्य के किसी अंश का अध्ययन आलोचनात्मक दृष्टिकोण से किया जाना चाहिए। उसको पवित्र मानकर अंधभक्ति के साथ नहीं किया जाना चाहिए।

स्वामी वेदाचलम, पी.वी. मनिका नायगर, पी. चिदंबरम पिल्लई, वी.पी. सुब्रमनिया मुदालियर, एस.एम. पुनारलिंगम पिल्लई और चन्द्रशेखर पावलर इत्यादि प्रसिद्ध तमिल विद्वानों द्वारा तमिलनाडु में कुछ पुस्तकें लिखी गई हैं। उन्होंने बहुत पहले ही यह साबित कर दिया था कि रामायण के लेखकों का एकमात्र उद्द्देश्य आर्यों की प्रशंसा करना और द्रविड़ों को बदनाम करना था। यहाँ तक कि स्वामी विवेकानन्द और पंडित जवाहरलाल नेहरू ने स्पष्ट शब्दों में कहा है कि 'रामायण एक मिथक है; जो प्राचीन आर्यों और द्रविड़ों के बीच लम्बे समय तक चले संघर्ष का चित्रण करती है।'

इस विषय पर ई.वी. रामासामी पेरियार का अध्ययन इतना व्यापक और गहन है कि उनके विषय में कहा जा सकता है कि 'रामायण' का विवरण उनकी जुबान और अंगुलियों पर है।

आश्चर्यजनक दृष्टान्त-युक्त यह पुस्तिका अपने पक्ष तथा उदाहरणों को सही साबित करते हुए एक ललकार है। यह एक चुनौती देने वाली किताब है। अत्यन्त प्रभावशाली दृष्टान्तों के साथ यह किताब अपनी धारणाओं को प्रामाणिक तरीके से प्रस्तुत करती है। पुस्तक बताती है कि :

1. रामायण एक एक पवित्र पुस्तक नहीं है।
2. राम और सीता के चरित्र घृणित हैं। उनके चरित्र संसार के तुच्छतम मानव के एक चतुर्थांश के लिए भी प्रशंसनीय तथा अनुकरणीय नहीं हैं।
3. रावण का चरित्र एक आदर्श चरित्र है।

रामायण के विषय में ये निष्कर्ष उसके 'सच्चे अध्ययन' पर आधारित हैं। यह अध्ययन किसी श्रद्धा एवं पूर्वाग्रह युक्त चिन्तन पर आधारित नहीं है। जैसा राम को अपना आराध्य मानने वाले इस मूखर्तापूर्ण कथा का अध्ययन

करते हैं। तीन साल पहले 01 अगस्त, 1956 को एक ही दिन में राम की हजारों तस्वीरें विशाल जनसमूह के बीच जलाई गई थीं। उसका उद्‌देश्य राम की पूजा के प्रति द्रविड़ियन समाज के विरोध का प्रदर्शन करना था। कोई आश्चर्य की बात नहीं है कि आज तमिलनाडु में राम की पूजा निरन्तर कम होती जा रही है। अब यहाँ केवल ब्राह्मण-वर्ग राम और उनकी कथा का सम्मान करता है। इससे इतर न नाटक के मंच पर, न ही सिनेमा के पर्दे पर राम का चरित्र समझदार द्रविड़ों को आकर्षित करता है।

अनुवाद के विषय में कुछ बातें। पेरियार की बेधक तमिल शैली का अंग्रेजी में सटीक और शुद्ध अनुवाद कर पाना कठिन है। हमारे अनुवादकों ने यह महान कार्य अत्यन्त शीघ्रतापूर्वक किया। उन्होंने करीब एक सप्ताह के भीतर ही यह कार्य सम्पन्न किया। शब्द चयन और अभिव्यक्ति की कुछ गलतियों से हम अवगत हैं।

पेरियार ई.वी. रामासामी कहते हैं कि :

हम एक जड़ समाज में रहते हैं। ऐसे समय में, जब दुनिया की तीन-चौथाई से अधिक आबादी प्रगति कर रही है; हमारा समाज अभी पिछड़ा और बर्बर हालात में पड़ा हुआ है और कट्टरता के साथ अतीत की रूढ़ियों का पालन करता है। क्योंकि, लम्बे समय पहले उनके पुरखों ने इसे अपनाया था।

x x x x

"हमारा समाज बहुत सारी जातियों, धर्मों और पंथों से बना हुआ है। इंसान-इंसान और समाज के बीच जो विभेद हमारे देश में मौजूद हैं, उसका खात्मा होना चाहिए। किसी-न-किसी को यह परिवर्तन लाना होगा। हममें से प्रत्येक को अपने समाज के लिए कुछ करना चाहिए।"

x x x x

"चाहे मैं किसी को प्यार करूँ या घृणा; दोनों स्थितियों में मेरा सिद्धान्त एक ही रहता है। वह सिद्धान्त यह है कि मैं यह शिक्षा देता हूँ कि धनी लोगों और प्रशासनिक अधिकारियों को गरीब लोगों का खून नहीं चूसना चाहिए।"

(यह प्रकाशकीय ई.वी. रामासामी पेरियार की तमिल में प्रकाशित किताब 'सच्ची रामायण' के अंग्रेजी अनुवाद 'द रामायण : अ टू रीडिंग' शीर्षक के पहले संस्करण का है। इसका पहला संस्करण 1959 में प्रकाशित हुआ था।)

रामायण : भूमिका

रामायण और बरधाम (महाभारत) काल्पनिक ग्रंथ हैं। उन ग्रंथों में प्रमुखतम जिन्हें आर्यों ने अपने हित में सर्वाधिक तोड़ा-मरोड़ा है; उन्हें द्रविड़ों को अपने जाल में फँसाने, उनके आत्मसम्मान को नष्ट करने, उनके निर्णय सामर्थ्य को कुंद करने तथा उनकी इंसानियत को नष्ट-भ्रष्ट करने के लिए तैयार किया गया है।

इन दोनों कथाओं के नायक क्रमशः राम और कृष्ण हैं; जो कि आर्य हैं। कुल मिलाकर वे बेहद साधारण व्यक्ति हैं।

ये कथाएँ एक बार फिर इसलिए थोपी गई थीं कि इनके कथानायकों, उनके रिश्तेदारों तथा सहायकों को अलौकिक और अतिमानवीय माना जाए तथा उन्हें पूज्य मानते हुए जनसाधारण द्वारा उनकी पूजा-अभ्यर्थना की जाए।

इनके मूल आख्यानों का सावधानीपूर्वक, विश्लेषणात्मक अध्ययन किया जाए, तो पता चलता है कि जो भी तथाकथित घटनाएँ इनमें वर्णित हैं; वे अधिकाधिक असभ्य और बर्बर हैं। गौर करने वाली बात यह भी है कि इनमें लोगों, विशेषकर तमिलों के लिए इनसे सीखने और इनके अनुरूप आचरण करने लायक कुछ भी नहीं है। इनमें न तो नैतिकता है; न

ही सराहनीय दर्शन। इन पुराकथाओं को इस चतुराई के साथ लिखा गया है कि ब्राह्मण दूसरों की नजर में महान दिखें; महिलाओं को इनके द्वारा दबाया जा सके तथा उन्हें दासी बनाकर रखा जा सके। इनका उद्‌देश्य ब्राह्मणों के धर्मग्रंथों, रूढ़ियों तथा 'मनुस्मृति' को समाज पर थोपना है; जो कि तमिलों के लिए अपमानजनक है। ये आख्यान राम और कृष्ण का अनुचित, अवांछित दैवीकरण करते हैं; उन्हें स्थायी तौर पर थोपते हैं।

ये कहानियाँ मूलतः संस्कृत में लिखी गई हैं। इन्होंने आर्यों को इस योग्य बनाया कि वे लोगों की बौद्धिक क्षमताओं तथा अलग-अलग समय और अवसर के अनुरूप धर्मोपदेश देकर अपना प्रचार-प्रसार कर सकें। वे इन कहानियों को वेद कहते हैं। बताते हैं कि ये उन उद्धारकर्ताओं की प्रशंसा में कही गई बातें हैं, जो दुनिया की रक्षा करने हेतु स्वर्ग से नीचे आए। वे यह भी दावा करते हैं कि ये दैवी धर्मशास्त्र हैं; जो बताते हैं कि लोगों को कैसे रहना चाहिए। वे इन कहानियों को वेदों का सारतत्त्व, पाँचवां वेद और न जाने क्या-क्या बताते हैं। इस तरह के सफेद झूठों द्वारा वे अपने उस स्वघोषित महत्त्व को बढ़ाने का प्रयत्न करते रहते हैं, जिसका उनमें सरासर अभाव है। वे यहीं नहीं रुकते, बल्कि इसे जबरन धर्म का हिस्सा बना देते हैं। फिर दावा करते हैं कि यह ऐसा स्तंभ है, जिस पर धर्म टिका हुआ है। जनसाधारण से लेकर तथाकथित शिक्षितों तक सब इनके झांसे में आ चुके हैं।

इन कहानियों को यह कहकर चारों ओर फैलाया गया है कि ये बहुमूल्य और पवित्र हैं। इन्हें शिक्षा की शुरुआत के साथ ही लोगों के खून में मिला दिया जाता है।

90 प्रतिशत तमिल निरक्षर हैं। शेष 10 प्रतिशत लोगों को गुमान है कि वे साक्षर हैं। इनमें से अधिकतर धर्मांध हैं और शायद ही अपने विवेक का उपयोग करते हैं। वे आर्यों की इस लोक से परे दूसरी दुनिया में विश्वास करते हैं। इस विश्वास के दास होकर वे आर्यों के आदेश का पालन करते हैं तथा उनके निर्देशों को ज्यों-का-त्यों स्वीकारते हैं। संक्षेप में कहें, तो सिर्फ मुस्लिम और ईसाई तमिलों को छोड़कर सभी तमिल रामायण के पक्के अनुयायी हैं।

तमिलों के सामने पूरा परिदृश्य साफ हो सके तथा इन मूर्खतापूर्ण और वाहियात मान्यताओं को पूरी तरह समाप्त कर दिया जाए, इस सबके लिए यह आवश्यक है कि दिव्य-चरित्रों और धर्म-शास्त्रों के कुत्सित इरादों का भंडाफोड़ किया जाए; ताकि उनमें स्वाभिमान की भावना विकसित हो और वे खुद को आर्यों की दासता से मुक्त कर सकें।

यह ध्यान रखते हुए कि इनको पढ़ने में पाठकों का ज्यादा समय खर्च न हो, बल्कि वे इसे तीव्र उत्कंठा के साथ पढ़ें; रामायण के अध्यायों को छोटा किया गया है। सभी महत्त्वपूर्ण एवं संगत तथ्यों को शामिल करते हुए 140 पृष्ठों की पुस्तक, संवाद शैली में 'वाल्मीकि रामायण कन्वर्सेशन' नाम से प्रकाशित की गई है।

हम उन तथाकथित घटनाओं को कोई महत्त्व नहीं देते, जिनके घटने के बारे में यहाँ दावा किया गया है। तय है कि ये घटनाएँ वास्तविक नहीं हैं। फिर इन घटनाओं की चर्चा पर हम इतनी मेहनत क्यों कर रहे हैं? ऐसा इसलिए, क्योंकि मेरी यह इच्छा है कि हम लोगों, खासकर अपने लोगों को यह स्पष्ट रूप में बताएँ कि जिस रामायण के बारे में जिन बातों का प्रचार-प्रसार आर्यगण करते हैं तथा हमारे लोग जिन्हें महत्ता देते हैं, उसमें मूलत: ऐसा कुछ भी नहीं है; जिसकी प्रशंसा की जा सके। इसमें न तो दैवी तत्त्व है; न ऐसी कोई नैतिकता, जिससे कुछ सीखा जा सके अथवा जिसका अनुसरण किया जा सके। इसमें ऐसा कुछ भी नहीं है, जो तर्कों पर खरा उतरे। इस चर्चा का यह भी उद्देश्य है कि हमारे लोग खुले दिमाग से इन पर विचार करें तथा अपनी आंखों से आर्यों द्वारा थोपी गई कहानियों के ढोंग और खोखलेपन को देखें; जिनके आधार पर वे स्वयं को जन्म से ही श्रेष्ठतर मानते हैं और दूसरे लोग भी उनका समर्थन करते हैं।

यहाँ हम देवताओं, ऋषियों, इंद्र तथा तथाकथित संतों की मानवरूपी प्रस्तुतियों एवं उनके गुणों की पड़ताल करेंगे।

आर्यों ने जब द्रविड़ों की प्राचीन भूमि पर हमला किया, तो उन्होंने यहाँ के लोगों के साथ बुरा बर्ताव किया; उनके साथ अनादर से पेश आए

और एक ऐसा इतिहास लिखा, जो झूठ और दुर्भावनाओं से भरा है। इसी को वे रामायण कहते हैं, जिसमें राम और उसके शागिर्दों को उन्होंने आर्य कहा है, द्रविड़ मूल के रावण को राक्षस और हनुमान, सुग्रीव, बालि आदि को बन्दर की संज्ञा दी है। इस विषय में बड़े-बड़े शोधकर्ताओं का भी यही निष्कर्ष है।

यही इस पुस्तक की विषयवस्तु है। तमिलों के लिए यह आईना है; ताकि वे इसमें देख सकें कि आर्यों को स्वयं को कितना ऊँचा दर्जा दिया गया है और अन्य समुदायों को कितना नीचा दिखाया गया है। और कैसे स्वाभिमान से शून्य तथा इस कारण भ्रष्ट हो चुका यह समुदाय रामायण के आर्य-चरित्रों का आदर करता है। जान सकें कि कैसे अपने ही लोगों को धोखा देने वाले दगाबाज द्रविड़ों ने उन्हें अलवार, देवता और पूजनीय बताया है।

एक सर्वाधिक महत्त्वपूर्ण विशेषता यह है कि तमिल, खासकर पढ़े-लिखे तमिल जब रामायण के बारे में बोलते हैं, तो उनका मतलब 'कम्ब रामायण' होता है। तमिल पंडित अपनी रोजी-रोटी कमाने और साहित्य सम्बन्धी अपनी जानकारी की शेखी बघारने के लिए 'कम्ब रामायण' के बारे में पढ़ते और सीखते हैं; फिर लोगों में जाकर उस पर प्रवचन देते हैं। आम लोगों को इतना शिक्षित होना चाहिए, जिससे वे समझ सकें कि दुष्ट कम्ब ने वाल्मीकि रामायण के सच को किस तरह से छिपाया है। किस तरह तथ्यों को निगलते हुए उसने कहानी की आधी-अधूरी तस्वीर पेश की है। यह अफसोस की बात है कि तमिल विद्वान अपने स्वाभिमान और प्रतिष्ठा को दांव पर लगाकर लोगों के सामने जाते हैं और कम्ब की कृति की पवित्रता और महानता का बखान करते हैं।

यदि पक्षपात रहित दिमाग से पढ़ने वाले पाठकों को इस पुस्तक में कुछ ऐसा मिलता है, जो उन्हें अनसुना, अनजाना, अजीब और सनक भरा लगता है; तो कृपा करके उन्हें श्री अनन्दाचारियार के संस्कृत से तमिल अनुवाद, जो कि 1877 में प्रकाशित हुआ था; तथा उसके बाद प्रकाशित अनुवादों, जैसे कि पंडित नटेसा शास्त्रीयार, मि. सी.आर. श्रीनिवास आयंगर,

नरसिम्हाचारियार, गोविंद राजार, अन्नंगाचारियार और अन्य ब्राह्मणों की कृतियों को पढ़ना चाहिए। पाठकों से यह उम्मीद भी की जाती है कि वे संस्कृत और बांग्ला के महान विद्वान पंडित मम्मतनाथ थाठार की कृतियों को भी पढ़ेंगे। मि. विल्सन के अंग्रेजी अनुवाद और कुछ अन्य लोगों द्वारा अनूदित कृतियों को भी उन्हें पढ़ना चाहिए।

2. कथा-प्रसंग

रामायण की घटनाएँ और कथा-क्रम बहुत कुछ 'अरेबियन नाइट्स, शेक्सपियर, मदनकाम राजन, पंचतंत्र और अन्य कपोल कल्पित कहानियों की तरह हैं। उनमें वर्णित तथ्य मानवीय क्षमता और सोच से परे हैं। इसलिए यह दावे के साथ कहा जा सकता है कि रामायण की कहानी वास्तविक नहीं है। कोई कह सकता है कि देवताओं का देवत्व तथा उनकी शक्तियाँ केवल अजीबोगरीब बातों में प्रकट होती हैं। पर कोई भी देख सकता है कि जिन तथ्यों का इसमें उल्लेख किया गया है, वे स्पष्ट रूप से निराधार, अनावश्यक और बेतुके हैं। इसके अलावा जब हम सद्गुण, सुविचारित निर्णय, सज्जनता और शुभेच्छा जैसी बातों को व्यवहार में उतारते हैं; उस समय हम देखते हैं कि रामायण के तथाकथित नायक-नायिकाओं के सारे व्यवहार एक औसत व्यक्ति के स्तर से नीचे गिर जाते हैं।

इस बात पर जोर दिया जाता है कि कथा-नायक राम को, मानव-भेष में स्वर्ग से अवतरित देवता के रूप में माना जाए। जबकि रामायण के लेखक वाल्मीकि राम को मनसा और कर्मणा एक दुष्ट, झूठा, धोखेबाज, फरेबी, धूर्त, निर्दयी, लालची, हत्यारा, शराबी, मांसभक्षी, लोगों को छिपकर मारने वाला, दुष्टों की संगति रखने वाला, पुरुषत्वहीन और न जाने किन-किन अन्य रूपों में चित्रित करते हैं। यह साफ दिखाई देता है कि राम अथवा उसकी कहानी में कोई दैवी-तत्त्व नहीं है। उसमें जो भी गुण हैं, वे औसत गुणों से भी काफी नीचे हैं। उसमें ऐसा कुछ भी नहीं है; जिससे तमिल शिक्षा ग्रहण कर सकें या जिसका अनुकरण किया जा सके।

3. कथा का उद्गम

रामायण की कथा न तो धार्मिक है और न ही तर्क-संगत। देवताओं ने चतुर्मुख ब्रह्मा से शिकायत की। उन्होंने ब्रह्मा से कहा कि 'राक्षस लोग हमारे यज्ञों में विघ्न डालते हैं।' ब्रह्मा ने यह बात अपने पिता विष्णु से कही। विष्णु ने राम के रूप में पृथ्वी पर अवतार लेने तथा राक्षसों के राजा रावण को मारने का निश्चय किया। यह रामायण की कथा का स्रोत (प्रारम्भ) है। (बालकांड, 15वां अध्याय)

पृथ्वी पर अवतार धारण करने के पश्चात् विष्णु को अनेक कष्ट और यातनाएँ सहनी पड़ीं। आर्यों के पुराणों में इसका निम्नलिखित कारण बताया गया है—

विष्णु (तिरुमल) ने पहले बहुत-से अनैतिक और घृणित कार्य किए थे। जिसके दंडस्वरूप उसे उन ऋषियों, मुनियों ने श्राप दिया; जिनके साथ उसने अन्याय किया था। आखिर ऋषियों ने श्राप क्यों दिया? क्योंकि, उस विष्णु (तिरुमल) ने बिरुहु मुनि की स्त्री को मार डालने का घृणित पाप किया था।

उस (तिरुमल) ने मनुष्यों के समक्ष दिन-दहाड़े जालंधर असुर की स्त्री का सतीत्व छल-कपट से भंग किया था। कदाचित अपने प्रभाव को दर्शाने के लिए उस (तिरुमल) ने अपनी पत्नी (तिरुमगल) के साथ दिन-दहाड़े, खुली जगह में सहवास किया था।

पुराणों में इस तरह के बेहूदा प्रसंगों की भरमार है। इन्हें ऐसे ही छोड़ दीजिए, जैसे ये हैं। विवेकवान मनुष्य की शोभा तो इसमें है कि वह पूछे कि ये देवता और असुर कौन हैं? राक्षस कौन हैं? बलि का क्या मतलब है? देवता होने के बाद भी विष्णु अशोभनीय हरकतें, जैसे—चोरी, हत्या और अन्य घृणित कर्म कैसे करने लग गया? क्या इस तरह के भोंडे काम करने वाले लोग देवता कहलाने का हक रखते हैं? ऐसा कब और कहाँ किया गया? उस कल्पित स्वर्गलोक में या इस भौतिक जगत में? ये देवता कहाँ रहते हैं? यज्ञ करने या बलि देने के लिए वे इस मृत्युलोक में ही क्यों आए? क्या मदिरा पीकर मतवाले लोगों के साथ वेद-मंत्रों का उच्चारण करते

हुए, छल-कपट पूर्ण उपायों द्वारा, निरीह जानवरों को तड़पाकर मारना और उनका गोश्त खाना ही यज्ञ की परिभाषा है? यह सब करने के बाद भी क्या यह कहा जा सकता है कि इससे ईश्वर खुश हुआ है; और प्रसन्न होकर वह यज्ञ में शामिल देवताओं तथा यज्ञकर्ता मनुष्यों को देवलोक में स्थान देने के अलावा उन्हें सुख-समृद्धि भी उपलब्ध कराएगा? क्या गूंगे जानवरों के प्रति की जाने वाली इस प्रकार की निर्दयता पर अंकुश लगाना पाप है? इन निर्दयी-निर्मम कसाइयों को देवता कहना क्या परमात्मा के लिए जायज है? क्या इन कुकृत्यों को रोकने वाले दयालु प्राणियों को राक्षस या दानव कहा जाना उचित होगा? पढ़े-लिखे लोगों द्वारा इन पर गम्भीरतापूर्वक विचार किया जाना चाहिए।

आजकल मादक पदार्थों का सेवन तथा पशुओं के प्रति निर्दयतापूर्ण व्यवहार को सरकार और जनता दोनों ही दंडनीय अपराध मानती है। इसके लिए जुर्माने और कारावास की सजा का प्रावधान है। क्या रावण के जमाने में भी इसे रोकना उचित और न्यायसंगत नहीं मानना चाहिए? रावण शिव भक्त था और एक भक्त के अनुरूप कानून को मानते हुए यह कहना उसका कर्तव्य था कि उसके राज्य में अकाल भले ही पड़ जाए; लेकिन जिस यज्ञ में पशुओं के साथ क्रूरता का वर्ताब हो, उस यज्ञ की इजाजत नहीं होगी। क्या यह उचित है कि जो राजा अपने राज्य में इस तरह के अमानवीय कृत्य को होने से रोकता है; उसको, उसके पूरे राज्य को, देश को तथा उसके पूरे वंश और समस्त प्रजा का सर्वनाश करने के लिए ईश्वर अवतार ले? इन बातों पर विचार करने से पता चलता है कि रामायण अन्यायपूर्ण और मूर्खतापूर्ण बातों से भरी पड़ी है।

4. यज्ञ

रामायण के पहले अध्याय बालकांड में इस बात का वर्णन है कि अयोध्या का राजा दशरथ पुत्र प्राप्त करने के लिए यज्ञ की तैयारी कर रहा था। उस यज्ञ में भेड़, घोड़े, चिड़ियाँ व सांप जैसे अंडज और पिंडज लगभग सभी

जानवरों को वध करने के लिए रखा गया था। यह सोच भी कितनी डरावनी है कि किसी एक मनुष्य को पुत्र प्राप्ति के लिए इतने सारे पशुओं की बलि चढ़ा दी जाए? क्या यह विश्वसनीय है कि यज्ञ कुंड में अनगिनत जानवरों की बलि से प्रसन्न होकर ईश्वर ने उसको पुत्र प्राप्त होने का वरदान दिया था। क्या देवताओं को ऐसे वध से प्रसन्नता हो सकती है? कहा जाता है कि इन देवताओं का एक राजा है, जिसको देवेन्द्र कहा जाता है। पुराणों में इंद्र (देवेन्द्र) की दुष्टताभरी, घृणित एवं निर्लज्जतापूर्ण कहानियों का जिस तरह वर्णन किया गया है; उससे कुटिल और निर्मम आर्यों की सभ्यता व चरित्र का पता चलता है।

यज्ञ के बारे में आप क्या सोचते हैं? दशरथ की पत्नियों में से एक कौशल्या यज्ञ के लिए लाए गए घोड़े की गर्दन को एक वार में ही धड़ से अलग कर देती है और पूरी रात इस घोड़े की देह से चिपकी रहती है। (बालकाण्ड, 14वाँ अध्याय)। यदि उनके ईश्वर का चरित्र ऐसा है, तो उनके इंसानों के चरित्र के बारे में कल्पना हमारे लिए असम्भव है। यह सब यहीं नहीं रुकता। यदि कोई जानना चाहे कि यज्ञ-शास्त्र के अनुसार यज्ञ क्या है, तो सच उसके दिलो-दिमाग के लिए अप्रिय एवं घृणास्पद होगा। सच जानकर उसे सदमा पहुँच सकता है। इस घृणित कार्य का वर्णन कुदी आरसु (जनता का राज) प्रेस से प्रकाशित पुस्तक 'ज्ञान सूर्यम' में किया गया है। यज्ञ सम्पादित कराने के लिए उस दिन सुबह ही यज्ञ-सम्पादन शुल्क के रूप में राजा दशरथ ने बड़ी रानी कौशल्या सहित कैकेयी और सुमित्रा अपनी तीनों पत्नियों को तीन ब्राह्मण पुरोहितों को भेंट कर दिया था। उन तीनों पुरोहितों ने इन तीनों रानियों के साथ अपनी पाशविक इच्छाओं (संभोग करने) की पूर्ति करने के बाद इन्हें उनके राजा को वापस कर दिया। पुरोहितों के कृत्य पर राजा को कोई एतराज नहीं था। (बालकांड 14वां अध्याय)। इसके बाद ये तीनों महिलाएँ गर्भवती हो गईं। मन्मथनाथ दातार अपने अंग्रेजी अनुवाद में लिखते हैं कि 'होत', 'अद्धार्यु' और 'युक्ध' नामक तीनों पुरोहितों के पास इन तीनों महिलाओं को गिरवी रख दिया गया; ताकि वे इनके साथ मौज-मस्ती कर सकें।

तो फिर सन्तान की प्राप्ति के लिए इस तरीके से यज्ञ करने की क्या जरूरत थी? अगर हम इस पर ढंग से विचार करें, तो पूर्णतः स्पष्ट है कि यज्ञ तथा पुराणों एवं यज्ञ-शास्त्र के अनुसार सम्पन्न घटनाओं के कारण बच्चे पैदा नहीं हुए; बल्कि उन पुरोहितों द्वारा ही दशरथ की पत्नियाँ गर्भवती हुई थीं। इस बात की पुष्टि इससे भी होती है कि जिस समय यज्ञ का आयोजन हुआ उस समय दशरथ की उम्र 60 हजार वर्ष थी और उसकी 60 हजार पत्नियाँ थीं; ऐसा कम्बन ने कहा है। लेकिन, वाल्मीकि के अनुसार दशरथ की पत्नियों की संख्या 350 थी। इन बातों से यह स्पष्ट है कि दशरथ काफी बूढ़ा होकर मांस का एक कामुक लोथड़ा भर रह गया था। यह बहुत अस्वाभाविक नहीं है कि एक कमजोर और अशक्त बूढ़े व्यक्ति में महिलाओं के प्रति पागलपन मात्र हो सकता है; उससे सन्तान पैदा करने की उम्मीद नहीं की जा सकती। वह बस महिलाओं से घिरे रहकर जीवन का अपना शेष समय काटेगा।

यह सोचने वाली बात है कि दशरथ कि तीनों पत्नियाँ, जो इतने लम्बे समय से बांझ थीं; क्या यज्ञ के अगले दिन उसी व्यक्ति से गर्भवती हो सकती थीं? जो बूढ़ा था, दुर्बल था और नपुंसक था और अपने जीवन की सांध्य वेला में पहुँच चुका था।

तीनों स्त्रियों को तीन पुरोहितों को सौंप दिया गया था। हर पुरोहित को एक-एक महिला सुपुर्द कर दी गई। उनका वे जैसा चाहें और जब तक चाहें पूरी तरह इस्तेमाल करें। उसके बाद उन्हें राजा को वापस करके बदले में किए गए काम के लिए राजा से अपना पारिश्रमिक लें। कौन कह सकता है कि उन महिलाओं के गर्भवती होने का कारण दशरथ था? बावजूद इसके कि राम, लक्ष्मण, भरत और शत्रुघ्न वास्तव में पुरोहितों के कारण पैदा हुए थे; न कि दशरथ के कारण। आर्य धर्म में इसको निन्दनीय नहीं माना गया।

उनके शास्त्रों में यह स्पष्ट लिखा है कि अगर किसी ब्राह्मण स्त्री को बच्चा नहीं हो रहा है, तो वह कुछ शर्तों पर अन्य पुरुषों से बच्चा पैदा कर सकती है। उदाहरण के लिए, आर्यों की एक अन्य कहानी महाभारत में कई विधवाओं के उनके परिवार के गुरु व्यास से बच्चे पैदा हुए और उन्हें

इसके लिए यज्ञ कराने का दिखावा भी नहीं करना पड़ा। धृतराष्ट्र और पांडु इसी तरह से पैदा हुए थे। महाभारत में इस तरह से कई लोगों की पैदाइश हुई। आप सीता के ही जन्म को लीजिए; सीता की माँ ने किसी अनाम पुरुष के साथ कुछ समय बिताया था; जिसके बाद सीता की पैदाइश हुई और उस बच्ची को एक जंगल में फेंक दिया। सीता ने स्वयं स्वीकार किया था कि उसकी शादी में देरी उसके माता-पिता के नाम पता न होने कारण हुई थी। यह देखकर आश्चर्य लगता है कि कई बार आर्यों के पुराणों में महिलाएँ पुरुषों से गर्भवती नहीं होकर जानवरों से गर्भवती होती हैं। इन तथ्यों से यह स्पष्ट है कि बच्चों के पैदा होने का यज्ञ से कोई लेना-देना नहीं है; बल्कि वह तो शराब पीने एवं मांस खाने और मजे लेने का महज एक समारोह होता था।

अब हम रामायण के चरित्रों पर विचार करेंगे; जैसा कि उन्हें रामायण में देखते हैं।

5. दशरथ

यज्ञ के बाद दशरथ द्वारा 'राम का राजतिलक' की कहानी पर विचार करते हैं। इन बातों का जिन अध्यायों में वर्णन है, उनसे दशरथ, उसके बेटों, पत्नियों, मंत्रियों, गुरुओं आदि के नैतिक और मानसिक दिवालिएपन का पता चलता है।

1. कैकेयी से ब्याह करते समय दशरथ ने उसे वचन दिया था कि उससे उत्पन्न पुत्र को ही अयोध्या की राजगद्दी दी जाएगी। इस सम्बन्ध में कुछ कथाओं में वर्णन मिलता है कि दशरथ ने अपना राज्य विवाह के समय ही कैकेयी को सौंप दिया था और वह उसका प्रतिनिधि मात्र बनकर शासन करता था।
2. रामायण की मूल कथा इसका समर्थन करती है तथा डॉ. सोमसुद्रा बरथीयार एम.ए., बी.एल. ने अपनी पुस्तक 'कैकेयी चैसिटी एंड दशरथ टर्पीट्यूड' (कैकयी की शुचिता और दशरथ की चरित्रहीनता) में इसका वर्णन किया है।

3. राम और उसकी माँ कौशल्या दशरथ द्वारा दिए गए वचन से अनजान नहीं थे। बूढ़े राजा ने राम को खुलेआम कहा कि भरत (कैकेयी का बेटा) अपने मामा के घर गया है और यह तुम्हें राजगद्दी पर बैठाने का अच्छा अवसर है। (अयोध्याकांड, चौथा अध्याय)। दशरथ ने भरत को अपने नाना के घर 10 साल के लिए भेज दिया और इसके पीछे उसकी मंशा भरत को अयोध्या का राजा बनने से रोकना था।
4. भरत को अयोध्या बुलाए बिना, लगातार दस साल तक उसके ननिहाल में रखने का कोई औचित्य नहीं था। वाल्मीकि ने मंथरा के रूप में एक चरित्र गढ़ा है; जो 7वें और 8वें अध्याय में कहती है—'राम को राजा बनाने की योजना दशरथ ने पहले ही बना रखी थी और इसीलिए भरत को उसकी ननिहाल भेज दिया गया। भरत यदि राजधानी अयोध्या में होगा, तो उसे देश की प्रजा की सहानुभूति प्राप्त होगी। प्रवास (अपने मामा के घर) में होने के कारण जनता से उसका सम्पर्क टूट जाएगा। दशरथ की यह भी मंशा थी।'
5. राम को राजा बनाने की घोषणा करने के अगले ही दिन दशरथ ने राम को गद्दी पर बैठाने की तैयारी शुरू कर दी। (अयोध्याकांड, पहला अध्याय)
7. दशरथ के मंत्री, वशिष्ठ, और अन्य गुरुओं और राम को यह पूरी तरह पता था कि गद्दी का उत्तराधिकारी भरत है। लेकिन, इसके बावजूद इन लोगों ने धूर्तता बरतते हुए राम को राजा बनाने की योजना को मंजूरी दे दी।
6. राम की माँ कौशल्या हमेशा ही मनाया करती थी कि उसका बेटा राम गद्दी पर बैठे।
7. भरत, शत्रुघ्न, कैकेयी और कैकेय के राजा को इतने महत्त्वपूर्ण राज्यारोहण के लिए आमंत्रित किए बिना ही दशरथ ने जल्दबाजी में तैयारी शुरू कर दी। (अयोध्याकांड, पहला अध्याय)

8. एक निजी वार्तालाप में दशरथ ने राम से कहा था कि यदि भरत की अनुस्थिति में उसको गद्दी पर बैठाने का समारोह रोकना पड़ा, तो भरत वापस लौटते ही शान्त मन से इसे स्वीकार कर लेगा। क्योंकि, वह विनम्र है; उसका स्वभाव अच्छा है। एक सज्जन व्यक्ति के रूप में वह सारी बातों को मान लेगा। (अयोध्याकांड, 12वां अध्याय)
9. कैकेयी ने हठ किया कि उसके पुत्र भारत को राजा बनाया जाए और इसे सुनिश्चित बनाने के लिए राम को वनवास दिया जाए। दशरथ कैकेयी को मनाने के लिए उसके पैरों पर गिर पड़ा और उससे प्रार्थना करने लगा कि मैं तुम्हारी इच्छानुसार कोई भी घृणित से घृणित कार्य करने के लिए तैयार हूँ। बस राम को वनवास पर भेजने का हठ न करो। (अयोध्या कांड 12 सर्ग)
10. दशरथ ने कैकेयी से कहा—'तुमने इतने यत्न से किए व्यापक आयोजन को विफल कर दिया।' उसने कैकेयी को एक बार भी यह नहीं कहा कि राम भाइयों में सबसे बड़ा है और इसलिए वह राजा बनने का अधिकारी है। जब वह किसी भी तरह से कैकेयी को इस बात के लिए राज़ी नहीं कर पाया, तो उसने राम को अपने पास बुलाया और उसके कानों में कहा—'राम! मैंने उस समय भरत को राजा बनाने का वचन दे दिया था, जब मैं अपने आपे में नहीं था। इसलिए यह तुम्हारे लिए बाध्यकारी नहीं है। तुम मुझे गद्दी से हटाकर राजा बन सकते हो।'
11. सभी प्रयत्न निष्फल हो चुकने के पश्चात् दशरथ ने सुमंत्र को आज्ञा दी कि कोषागार का सम्पूर्ण धन, भंडार का अनाज, व्यापारियों और वेश्याओं को राम के साथ वन भेजने का प्रबन्ध करे। (अयोध्याकांड, 36 सर्ग)
12. कैकेयी ने जब इस पर भी आपत्ति प्रकट की तब दशरथ ने पूरे मुद्दे को मोड़ते हुए कहा—'तुम्हें तो सिर्फ राज्य चाहिए था न

कि राज्य में जितनी भी वस्तुएँ हैं, वे सब।' (अयोध्याकांड, 36वां अध्याय)

13. दशरथ ने कोषागार में रखे हुए सम्पूर्ण आभूषण सीता को सौंप दिए। (अयोध्या कांड 36 सर्ग)
14. राम और सीता को वनवास भेजने के लिए जिम्मेदार कैकेयी पर दशरथ ने गालियों की वर्षा कर दी। पर वह अपने एक अन्य बेटे लक्ष्मण को राम के साथ जंगल जाने पर कतई चिन्तित नहीं हुआ। यहाँ तक कि रामायण में लक्ष्मण की पत्नी की कहीं भी कोई चर्चा नहीं दिखती है।

संस्कृत कॉलेज मद्रास के प्रोफेसर स्वर्गीय मि. सीआर श्रीनिवास आयंगर ने वाल्मीकि रामायण का 1925 ई. में तमिल में अनुवाद किया था। 1925 में प्रकाशित (दूसरे संस्करण) में अपने अनुवाद 'अयोध्या कांड पर टिप्पणी' नामक पुस्तक के द्वितीय संस्करण में उन्होंने लिखा है कि दशरथ स्वात्मघाती था। आयंगर सुमित्रा व कैकेयी का समर्थन करते हैं; जबकि दशरथ के खिलाफ निम्नलिखित आरोप लगाते हैं—

1. दशरथ ने कैकेयी को बिना विचारे जो दो वचन दिए थे, उनको वह भूल गया था। प्राप्त वचनों के अनुसार कैकेयी दशरथ से कुछ भी माँग सकती थी।
2. दशरथ यह भूल गया था कि कैकेयी के साथ विवाह के समय उसने यह वादा किया था कि उस (कैकेयी) से उत्पन्न पुत्र को ही वह राजा बनाएगा।
3. साठ वर्ष की पकी हुई उम्र में भी वह पाशविक लालसाओं से दूर नहीं था। यही नहीं, अपनी दो पत्नियों कौशल्या और सुमित्रा का उसने कोई खयाल नहीं रखा; जिसका उसे अधिकार था।
4. कैकेयी को खुश रखने के लिए उसने मूर्खतापूर्ण वचन उसे दिए थे।
5. दशरथ ने अपनी प्रजा के सामने यह घोषणा की कि वह राम को राजगद्दी सौंप रहा है। यह दशरथ द्वारा कैकेयी और उसके पिता को दिए गए वचनों का खुल्लमखुल्ला उल्लंघन था।

6. कैकेयी ने दशरथ से मिले दो वचनों के अनुसार राम को जंगल भेज दिया। जिससे राम को राजा बनाने के उसके सारे प्रयास विफल रहे।
7. इन पापों की वजह से भरत को वह राज्य मिलना असम्भव हो गया, जो दशरथ ने उसको देने का वचन दिया था।
8. वशिष्ठ ने परामर्श दिया था कि इक्ष्वाकुवंशीय परम्परा के अनुसार परिवार के जेष्ठ पुत्र को राजगद्दी मिलनी चाहिए; किन्तु कैकेयी के प्रेम में पागल दशरथ ने उस परम्परा का त्याग कर दिया था।
9. दशरथ को अपनी मूर्खता का प्रायश्चित्त करना तथा इसका मूल्य चुकाना चाहिए था। इसके उलटे उसने कैकेयी से उसे दिए गए अपने वचन वापस लेने का आग्रह किया।
10. यह भूलकर कि राजा के रूप में उसकी हैसियत क्या है, वह कैकेयी के पैरों पर गिर पड़ा।
11. सुमंत्र और वशिष्ठ जो दशरथ के वचनों से अवगत थे; वे उसे कैकेयी को किए गए वादे की याद दिला सकते थे। दशरथ को सचेत कर सकते थे। राम को राजगद्दी न देने का परामर्श दे सकते थे। किन्तु, उन्होंने ऐसा नहीं किया।
12. वशिष्ठ, जो कि भविष्यदृष्टा था; उसने ही राम के राजतिलक के समारोह के आयोजन का मुहूर्त तय किया था। जबकि, वह जानता था कि उसका यह राज्यारोहण निष्फल सिद्ध होने वाला है।
13. सिद्धार्थ, सुमंत्र और वशिष्ठ कैकेयी से यह कहने पहुँच गए कि वह अपना वचन पूरा कराने पर जोर न डाले और जब वे इसमें सफल नहीं हुए, तो उन्होंने उसे काफी फटकार लगाई थी।
14. राम का अभिषेक कराने के लिए दशरथ ने आम जनता और ऋषियों की अनुमति ली थी; मगर उन लोगों से बिना किसी परामर्श के ही उसने राम को जंगल भेज दिया। न मंत्रियों से मशविरा

किया, न ही ऋषियों से या आम लोगों से। यह उसका अहंकार और लोगों की इच्छाओं का अनादर था।

15. ऋषि या आम लोग जिनका अनादर हुआ था, उन्होंने भी इसका प्रतिरोध नहीं किया; न ही उन्होंने राम को जंगल जाने से रोका।

16. राम को अपने जन्म तथा दशरथ द्वारा विवाह के समय कैकेयी को दिए गए वचनों की जानकारी थी। वह जानता था कि पिता द्वारा दिए गए वचन के अनुसार कैकेयी के बेटे को ही राजा बनाया जाएगा। (अयोध्याकांड, अध्याय 107)। इसके बावजूद चुप रहा और अपने पिता को उसके द्वारा दिए गए वचनों की याद दिलाने के बजाय स्वयं राजा बनने के लिए तैयार हो गया।

17. दशरथ ने राम से कहा था—'सम्भव है कुछ बाधाएँ उनकी योजना पर पानी फेर दें।' उसने आगे कहा कि भरत उदार और सज्जन है और आध्यात्मिक प्रकृति का है। अपने मामा के घर गए उसे काफी दिन हो चुके हैं। कई बार मजबूत इरादे वाले लोग भी बाहरी कारणों से अपने विचार बदल लेते हैं। इसलिए अपेक्षित होगा कि समारोह भरत के लौटने के पहले ही सम्पन्न हो जाए। (अयोध्याकांड, अध्याय-4)। इस तरह दशरथ ने भरत को (उसका वाजिव हक नहीं देकर) धोखा देने की कोशिश की और मिली-भगत द्वारा राम को राजा बनाने का निर्णय किया। राम ने भी इस षड्यंत्र को चुपचाप मान लिया था। दशरथ ने राम से कहा कि मान लें हमारे सभी प्रबन्ध और कार्यक्रम निरस्त हो जाएँ, तब भी भरत मान सकता है। क्योंकि वह उदार, सरल हृदय, धर्मात्मा तथा बुद्धिमान है। भरत को अपने नाना के यहाँ गए हुए बहुत समय हो गया है। दृढ़ तथा निश्चय विचार वाले परदेसी व्यक्ति का भी मस्तिष्क परिवर्तित हो सकता है।

18. जनक को आमंत्रित ही नहीं किया गया था। डर था कि भरत को राजा बनते देख वह (जनक) इसका विरोध कर सकता है। क्योंकि, सिर्फ राम को ही गद्दी पर बैठने का अधिकार था।
19. कैकेयी के पिता को भी आमंत्रित नहीं किया गया था। क्योंकि, भरत के पक्ष में कैकेयी को दिए गए वचन को नजरअन्दाज कर राम का राज्याभिषेक होते देख वह कुपित हो सकता था।
20. इन्हीं कठिनाइयों की वजह से अन्य राजाओं को नहीं बुलाया गया था। कैकेयी और मंथरा ने जो किया वह सही था। इसके समर्थन में बहुत सारे तथ्य उपलब्ध हैं। इन बातों पर गौर किए बिना उन दोनों को गाली देना, भला-बुरा कहना या उन पर अनगिनत आरोप लगाना असंगत है।

6. राम

आइए अब हम राम और उसके चरित्र पर विचार करते हैं :

1. राम भलीभाँति जानता था कि उसके पिता ने विवाह के समय ही पूरा साम्राज्य सिद्धान्ततः कैकेयी को सौंप दिया गया था। यह बात राम ने भरत को स्वयं बताई थी। (अयोध्या कांड, सर्ग 107)
2. राम अयोध्या की गद्दी पर कब्जा करना चाहता था। अपनी प्रजा, पिता और कैकेयी के प्रति राम का व्यवहार उसकी इच्छाओं द्वारा अनुप्रेत था। (इस प्रकार राम घास में छिपे हुए सांप की तरह था)।
3. भरत की अनुपस्थिति में राम के पिता ने उसे गद्दी पर बैठाने के लिए जो भी प्रपंच रचे थे, उन प्रपंचों से राम ने सहमति जताई थी।
4. यह समझकर कि कहीं लक्ष्मण को उससे ईर्ष्या न हो जाए और वह कहीं उसे नुकसान पहुँचाने की न सोच डाले; राम ने उससे कहा था—'लक्ष्मण, सिर्फ तुम्हारे लिए मैं राजा बन रहा हूँ। तुम्हीं

इस देश पर शासन करोगे।' (अयोध्याकांड, अध्याय 4)। और अन्त में लक्ष्मण का राज्य के मामलों से कोई मतलब नहीं था।

5. समारोह के दौरान पूरे समय राम के मन में यह सन्देह बना रहा कि कहीं उसमें कोई बाधा न पड़ जाए और यह सारा कार्यक्रम धरा का धरा न रह जाए।
6. राम को उस समय काफी दुख हुआ था, जब दशरथ ने राम से कहा कि 'अयोध्या की गद्दी तुम्हें नहीं मिलेगी। तुम्हें जंगल जाना पड़ेगा।' (अयोध्याकांड, सर्ग 19)
7. राम ने दुखी होकर अपनी माँ से कहा था—'ऐसा कुछ किया गया है कि मुझे गद्दी से हाथ धोना पड़ेगा। राजसी ठाठ से विमुख होना पड़ेगा, स्वादिष्ट मांसाहार का आनन्द नहीं उठा पाऊंगा और जंगल जाकर फल और सब्जियों पर जिन्दगी गुजारनी होगी।' (अयोध्या कांड 20 सर्ग)
8. उसने शोकाकुल होकर अपनी पत्नी और माँ से कहा—'वह साम्राज्य, जो मेरा होने वाला था; मेरे हाथ से निकल चुका है और मुझे जंगल जाने का आदेश दिया गया है।' (अयोध्याकांड 20, 26, 94 सर्ग)
9. उसने लक्ष्मण के पास जाकर उससे कहा कि उनका बाप (दशरथ) अपराधी है और कहा—'क्या कोई मूर्ख ऐसे व्यक्ति को जंगल भेजेगा, जो हमेशा से उसकी बात मानता आ रहा है?' (अयोध्याकांड, 53 सर्ग)
10. राम ने बहुत-सी स्त्रियों के साथ विवाह किया था। यह बात मि. सी.आर. श्रीनिवास आयंगर की 1925 ई. में प्रकाशित वाल्मीकि-रामायण के अनुवाद के द्वितीय संस्करण में बताई गई है। (अयोध्याकांड, 8 सर्ग, पृष्ठ-28)। सी.आर.एस. आयंगर लिखते हैं—'राम ने सीता को केवल रानी बनाने के लिए उससे शादी की थी। राजाओं की परम्परा के अनुरूप, यौन आनन्द के लिए उसने कई और स्त्रियों से शादी की थी।' मि. मन्मथनाथ दातार लिखते

हैं—'राम की पत्नियाँ अपने नौकरों की पत्नियों की सोहबत का आनन्द उठाती थीं। इसी तरह तुम्हारी (कैकेयी की) बहू (भरत की पत्नी) भी खुद को दुख के सागर में डुबो देगी।' (यह अनुवाद 1892 में प्रकाशित हुआ, अयोध्याकांड, पृष्ठ-202, अध्याय-8)। 'राम की पत्नियां' यह वाक्य रामायण में कई स्थानों पर प्रयोग में आया है।

11. यद्यपि राम के प्रति कैकेयी का प्रेम सन्देह से परे था; लेकिन कैकेयी के प्रति राम का प्रेम कपटी और बनावटी था।
12. राम कैकेयी के प्रति ईमानदार और अनुरागी होने का नाटक करता रहा। मगर अन्त में उसने आरोप लगाया कि 'कैकेयी एक दुष्ट स्त्री है।' (अयोध्याकांड 31, 53 सर्ग)
12. यद्यपि कैकेयी दुष्टतापूर्ण तथा नीच विचारों से रहित थी। इसके बावजूद राम ने उस पर दोषारोपण करते हुए कहा था कि 'वह मेरी माता के साथ दुष्टतापूर्ण व्यवहार कर सकती है।' (अयोध्या कांड, 31 और 53 सर्ग)
13. 'वह मेरे पिता को मरवा सकती है।' —राम ने कैकेयी पर इस तरह का दोषारोपण किया। (अयोध्याकांड, 53 अध्याय)
15. वनवास के दौरान जब कभी ऐसी स्थिति आई राम को लगा कि संकट अवश्यंभावी है; तब कई बार उसने कहा कि 'कैकेयी की इच्छा पूरी हुई; कैकेयी को सन्तोष हुआ होगा।'
16. राम ने जंगल में लक्ष्मण से कहा था कि चूँकि हमारे पिता वृद्ध और निर्बल हो चुके हैं और हम लोग वहाँ से आ गए ऐसी स्थिति में अब भरत अपनी पत्नी के साथ बिना किसी विरोध के अयोध्या पर शासन कर रहा होगा। इससे उसकी राजगद्दी की चाहत और भरत के प्रति ईर्ष्या की स्वाभाविक तथा निराधार अभिलाषा प्रकट होती है। (अयोध्या कांड 53 सर्ग)
17. जब कैकेयी ने राम से कहा—'हे राम! राजा ने मुझे तुम्हारे पास तुम्हें यह बताने के लिए भेजा है कि भरत को राजगद्दी मिलेगी

और तुम्हें वनवास।' तब राम ने उससे कहा कि 'राजा ने मुझसे यह कभी नहीं बताया कि वह भरत को राजगद्दी देंगे।' (अयोध्याकांड, 19 सर्ग)

18. उसने अपने पिता को मूर्ख और पागल कहा। (अयोध्याकांड 53 सर्ग)
19. उसने अपने पिता से प्रार्थना की कि 'जब तक मैं वनवास से वापस न लौट आऊँ, तब तक तुम अयोध्या पर राज करते रहो और किसी को राजगद्दी पर न बैठने दो।' इस प्रकार उसने भरत को गद्दी पर बैठने में अड़चन पैदा कर दी थी। (अयोध्याकांड, 34 सर्ग)
20. राम ने यह कहकर सत्य व न्याय का गला घोंटा कि 'यदि मुझे क्रोध आया, तो मैं स्वयं अपने शत्रुओं को कुचलकर राजा बन सकता हूँ; किन्तु मैं यह सोचकर रुक जाता हूँ कि ऐसा करने पर प्रजा मुझसे घृणा करने लगेगी।' (अयोध्याकांड, 53 सर्ग)
21. उसने अपनी पत्नी सीता से कहा—'तुम भरत के अनुकूल चलना, ताकि वह नाराज नहीं हो। इससे हमें बाद में फायदा होगा।' (अयोध्याकांड, 26 सर्ग)
22. राम के वनवास चले जाने का समाचार सुनकर भरत उसे अयोध्या वापस लाने के लिए वन में गया। भरत को देखकर राम ने उससे प्रश्न किया कि 'भरत! क्या तुम प्रजा द्वारा खदेड़कर भगाए गए हो? क्या तुम अनिच्छा से हमारे पिता की सहायता करने आए हो?' (अयोध्याकांड, 100 सर्ग)
23. राम ने भरत से पुन: कहा—'अब तुम्हारी माँ का मनोरथ सिद्ध हो गया होगा। क्या वह प्रसन्न हैं?' (अयोध्याकांड, 100 सर्ग)
24. भरत ने राम को विश्वास दिलाया कि वह सिंहासन पर अपना दावा त्याग चुका है। उसके बाद राम ने भरत से यह रहस्योद्घाटन किया कि दशरथ अयोध्या का राज्य पहले ही उसकी माँ कैकेयी को सौंप चुका है। (अयोध्याकांड, 107 सर्ग)

25. भरत वन में ही अयोध्या की राजगद्दी राम को सौंपकर और उसकी खड़ाऊँ लेकर अयोध्या वापस लौटा। उसने उन्हें सिंहासन पर रखकर चौदह वर्ष तक एक तपस्वी का जीवन व्यतीत किया। निर्धारित दिन राम के अयोध्या नहीं लौटने पर भरत चिन्तित हुआ और यहाँ तक कि उसने चिता में जलने की तैयारी भी कर ली। राम ने ऐसे सज्जन और सच्चे व्यक्ति पर सन्देह किया था। चौदह वर्ष बाद जब वह लौटकर अयोध्या के बाहरी भाग पर पहुँचा, तो उसने हनुमान को भरत के पास उसे यह सूचना देने के लिए भेजा—'(उससे कहना कि) मैं भारी सेना लेकर वापस आ गया हूँ। विभीषण और सुग्रीव भी मेरे साथ हैं। उस समय तुम उसके चेहरे पर आए भावों को पढ़ना; देखना कि यह सब सुनने के बाद वह जल्दबाजी में कौन-से कदम उठाता है। क्योंकि, अयोध्या के राजा के रूप में उपलब्ध सुख और भोग-विलास को भला कौन छोड़ना चाहेगा।' (उत्तरकांड, 127 सर्ग)
26. राम सीता के चरित्र पर हमेशा सन्देह करता था। उसने सीता को अग्नि-परीक्षा देकर अपने सतीत्व को सिद्ध करने को कहा। राम के आदेशानुसार सीता जब अग्नि परीक्षा दे रही थी, तब उसे उसके गर्भवती होने का पता चला। सीता की शुचिता सम्बन्धी चर्चा उस समय हर व्यक्ति की जुबान पर थी। राम ने सीता का ध्यान आकर्षित किया कि कैसे लोग उसके चरित्र पर सवाल उठा रहे हैं। फिर उसने बिना अपनी राय बताए सीता को जंगल में छोड़ आने का आदेश दिया। यह आदेश उसने ऐसे समय दिया था, जब सीता गर्भवती थी।
27. जब वाल्मीकि ने सीता को पवित्र बताया, तो भी राम ने इस पर विश्वास नहीं किया और सीता को पृथ्वी के गर्भ में समाकर अपने प्राण त्यागने पड़े।
28. यह जानते हुए भी कि सुग्रीव व विभीषण दोनों धोखेबाज हैं और अपने ही भाइयों को मरवाकर उनकी गद्दी हासिल करने की निकृष्ट इच्छा रखते हैं; राम ने उन दोनों से दोस्ती की थी।

29. राम ने गैर-वफादार भाई के कहने पर बालि को, जो उसे कोई नुकसान नहीं पहुँचा रहा था; छिपकर पीछे से मारा। यह वही राम था, जिसमें बालि से आमने-सामने लड़ने की हिम्मत नहीं थी। ऐसे राम को अज्ञानी लोग अपना नायक समझते हैं; जबकि ब्राह्मण उसकी प्रशंसा करते नहीं अघाते।

30. विभीषण द्वारा राम की अधीनता स्वीकार करते समय, राम अनजाने में अपनी बुरी और धोखेबाजी भरी नीयत के बारे में बता देता है। उस समय राम ने भरत की प्रशंसा की थी कि धरती पर एकमात्र भरत ऐसा वफादार और आज्ञाकारी है, जो उसको (बड़े भाई को) दुष्ट होने के बावजूद अपना सकता है। उसने आश्चर्य व्यक्त करते हुए कहा कि क्या (एक ही पिता और माँ की सन्तान) कोई और भाई हैं, जो भरत की तरह आज्ञाकारी और वफादार हों? (अयोध्याकांड, 17 सर्ग)। इस तरह देखें, तो राम ने यह मान लिया था कि वह दुष्ट है।

31. बालि को मारते हुए राम ने अपने इस कार्य को यह कहते हुए उचित ठहराया कि 'जानवरों को मारते हुए धर्म का पालन जरूरी नहीं है।' और राम ने बालि को इस आधार पर मार डाला कि उसने विवेकानुसार आचरण नहीं किया था। बालि को उस पर लगे आरोपों का जवाब देने का मौका देने की कोशिश किए बगैर राम ने केवल स्वार्थी सुग्रीव के कहने पर बालि की हत्या कर दी।

32. राम ने बहुत-सी स्त्रियों के कान, नाक, स्तन इत्यादि काटकर उन्हें कुरूप बना दिया था; और उन्हें बहुत-सी यातनाएँ दी थीं। (शूर्पणखा और अयोमुखी)

33. राम ने बहुत-सी स्त्रियों को मार डाला था। (जैसे ताड़का)

34. राम ने कई अवसरों पर स्त्रियों से झूठ बोला था।

35. राम ने यह कहते हुए स्त्रियों का अपमान किया कि 'औरतों पर कभी विश्वास नहीं करना चाहिए' और 'अपने गुप्त भेद पत्नी को भी नहीं बताने चाहिए।' (अयोध्याकांड, 100 सर्ग)

36. राम में हमेशा ही यौन सुख के प्रति अनुचित आसक्ति थी। (उत्तरकांड, 42 सर्ग)
37. राम ने कई जीवों को अनावश्यक रूप से मारा तथा उन्हें खा गया।
38. राम ने कहा था कि वह केवल राक्षसों को मारने के लिए वन गया था। उसने कहा कि वह इसलिए भी वन गया था, क्योंकि उसने किसी और को यह वचन दिया था कि वह राक्षसों का नाश करेगा। (अरण्यकांड, 10 सर्ग)
39. राक्षसों को जबरन लड़ाई में घसीटने के लिए राम ने सीता के मना करने के बावजूद रावण के राज्य में प्रवेश किया था। (अरण्यकांड, 9 एवं 10 सर्ग)
40. 'खर' से लड़ते हुए राम ने कहा था—'जंगल में मुझे सिर्फ राक्षसों को मारने के एकमात्र मिशन को पूरा करने के लिए भेजा गया है।' (अरण्यकांड, 29 सर्ग)
41. स्वार्थवश राम ने खुद को सुग्रीव के हवाले कर दिया, जो स्वयं बेहद नालायक और विश्वासघाती था। राम ने सुग्रीव से कहा था कि 'मुझे स्वीकार कर लो', 'मेरे ऊपर दया करो।' (किष्किन्धाकांड)
42. यह जानते हुए भी कि विभीषण ने अपने भाई रावण को धोखा दिया है, राम ने उसे अपने पक्ष में कर लिया। (उत्तरकांड, 17 सर्ग)
43. राम ने विभीषण को लंका का राजा बनाने का वचन पहले ही दे दिया था (उत्तरकांड, 18 सर्ग)। बाद में उसने अंगद को दूत बनाकर रावण को यह सन्देश भेजा कि अगर वह उसे (राम को) सीता को लौटा देता है, तो वह लंका पर अपना दावा छोड़ देगा। 'रावण को कहो कि अगर उसने सीता को लौटा दिया, तो मैं लंका उसके पास ही छोड़ दूँगा।' (उत्तरकांड, 40 सर्ग)। इससे यह सिद्ध होता है कि रावण अन्य तरह के दोषों से मुक्त था। लेकिन, राम अविश्वसनीय व्यक्ति था।
44. भरत, कैकेयी, प्रजा एवं गुरुजन सभी वन में राम के पास गए। उन्होंने राम से अयोध्या लौट चलने का आग्रह किया। यहाँ तक

कि उन लोगों ने राम के समक्ष 'सत्याग्रह' भी किया। किन्तु जिद पर अड़े, कठोर हृदय राम ने उत्तर दिया—'मैंने अपने पिता के वचनों का पालन करने का निश्चय कर लिया है और मैं किसी का कहना नहीं मानूंगा।' इस प्रकार उसने लौटने से इनकार कर दिया और उसी राम ने अपने पिता के वचनों का तिरस्कार कर उस समय अयोध्या का राजा बनना स्वीकार कर लिया था, जब दशरथ ने उसको ऐसा प्रस्ताव दिया था। वह यह भूल गया था कि यह गद्दी भारत को देने का वचन दशरथ कैकेयी को दे चुका है। (युद्धकांड, 130 सर्ग)

45. राम ने न केवल गद्दी प्राप्त करने की इच्छा जताई, बल्कि जबसे उसके पिता ने उसे जंगल जाने का आदेश सुनाया तभी से लेकर जंगल से वापस आने पर तथा राजतिलक होने तक वह अयोध्या का राजा बनने का स्वप्न देखता रहा। अपनी कई बातों से राम ने स्वयं कई बार इसको उजागर किया है।
46. शूद्र होकर भी तपस्या जैसा वेद विरुद्ध आचरण करने के कारण राम ने शंबूक का कत्ल किया (उत्तरकांड, 76 सर्ग)
47. लक्ष्मण को एक नदी (गुप्तार घाट पर सरयू नदी) में फेंककर, साधारण मनुष्य की भाँति राम भी उस नदी में जा गिरा और वहीं मर गया। (उत्तरकांड, 106 सर्ग)। उसके बाद राम का जन्म उपेन्द्र (उप-इंद्र) के रूप में हुआ। (उत्तरकांड, 110 सर्ग)
48. अपने हाथ की ओर देखकर राम ने संस्कृत में कहा—'अरे ओ दाहिने हाथ, तुमने इस शूद्र की ऐसे बेहिचक हत्या कर दी, जैसे शूद्र को मारकर ही ब्राह्मण के मृत बेटे को जिन्दा किया जा सकता है। क्या तुम राम के ही शरीर का हिस्सा नहीं हो?' (वाल्मीकि रामायण)

राम जिसने तपस्या कर रहे शम्बूक की वगैर किसी गलती के लिए निर्दयतापूर्वक हत्या कर दी थी, उस राम को विष्णु का अवतार माना जाता है! अगर आज राम की तरह का कोई राजा

होता, तो उन लोगों की क्या दशा होती, जिन्हें शूद्र (जो एक गालीनुमा सम्बोधन है) कहा जाता है?

49. राम ने जिस धनुष को तोड़ा, वह शिव का था। वह पहले से ही टूटा हुआ था। (देखिए, अबिधान चिन्तामणि पृष्ठ-157, 331, 571, 663, 894, 1151, 1173 व 1494)
50. विभिन्न रामायणों और परशुराम द्वारा इसका समर्थन किया गया है। जब राम ने धनुष को तोड़ा उस समय उसकी उम्र पर जरा ध्यान दीजिए—राम की माँ के अनुसार, राम ने जब धनुष तोड़ा, उस समय उसकी उम्र 5 साल थी। उसके पिता के अनुसार, वह लगभग 10 साल का था। उसकी पत्नी (सीता) के अनुसार, उसकी उम्र 12 साल थी। उसकी उम्र चाहे जो रही हो; कहानी के अनुसार वह धनुष पहले से ही टूटा हुआ था।

नवलार डॉक्टर सोमसुन्द्रा भरथिअर का दृष्टिकोण

1. वाल्मीकि रामायण के अनुसार राम भला और ईमानदार व्यक्ति नहीं था। अनेक कपटपूर्ण कार्यों में उसका हाथ था।
2. राम इस तथ्य को भलीभाँति जानता था कि अयोध्या की गद्दी पर उसका दावा जायज नहीं है और भरत उसका कानूनी वारिस है।
3. राम के पिता दशरथ ने भरत की माता कैकेयी से विवाह करने के पूर्व ही कैकेयी के पिता को यह वचन दिया था कि 'कैकेयी से पैदा होने वाले पुत्र को ही अयोध्या का राजा बनाया जाएगा।' केवल इसी शर्त पर कैकेयी की दशरथ से शादी कराई गई थी।
4. राम इस तथ्य से अवगत था और उसने खुद इस सत्य को स्वीकार किया है।
5. राम ने खुद भरत को यह बात बताई थी और उससे यह विनती की थी कि वह माँ कैकेयी को इसके लिए दोषी न माने।

6. राम की माँ कौशल्या, वशिष्ठ, अन्य ऋषियों और मंत्रियों को भी यह मालूम था। संक्षेप में कहें तो राम की माँ, ऋषि, गुरु और मंत्री भरत को छलपूर्वक से गद्दी से वंचित करने और राम को अयोध्या का राजा बनाने के लिए दशरथ के षड्यंत्र में शामिल थे।

एक अमेरिकन (ओबेई मेनन) की लिखी रामायण

(यह रूसी अखबारों में प्रकाशित हुई थी।)

अमेरिकी व्याख्या में राम को शिकागो के गैंगस्टर की प्रकृति का बताता है और सीता को सरल हृदय की बालिका, जो रावण द्वारा हरण किए जाने के बावजूद खुश दिखती थी। (देखिए—20 नवम्बर, 1954 को प्रकाशित 'न्यूज एंड व्यूज फ्रॉम द सोवियत यूनियन', वॉल्यूम नम्बर-13, जिल्द नम्बर-263, पृ.-2)

7. सीता

आइए अब हम सीता के चरित्र की पड़ताल करें। पूरी रामायण में सीता की प्रशंसा में एक भी शब्द नहीं कहा गया है।

1. उसका जन्म सन्देहास्पद है। उसे लेकर कई सवाल खड़े किए जा सकते हैं। (अयोध्याकांड, सर्ग 66)। वह राम की अपेक्षा आयु में बड़ी है।
2. वह कहती है—'मैं धूल में पाई गई। इसीलिए मेरे माता-पिता के बारे में कुछ भी ज्ञात नहीं है। इसलिए काफी बड़ी हो जाने के बाद भी बहुत दिनों तक कोई मुझसे विवाह करने के लिए तैयार नहीं हुआ था।'
3. विवाह हो जाने के कुछ ही दिन बाद भरत ने सीता का तिरस्कार करना शुरू दिया था।

4. राम ने भी इस बात का समर्थन किया है। इस तथ्य की पुष्टि इससे होती है कि उसने सीता से कहा—'तुम इस योग्य नहीं हो कि भरत तुम्हारी प्रशंसा करे।' (अयोध्याकांड, 26 सर्ग)
5. सीता इसे खुद स्वीकारती है। उसने राम को बताया—'मैं उस भरत के साथ नहीं रहना चाहती, जो मेरा तिरस्कार करता है।'
6. वह अपने पति (राम) को 'मंदबुद्धि' कहती थी।
7. उसने राम से कहा—'तुम सिर्फ दिखने में आदमी जैसे हो, परन्तु तुम्हारे भीतर पौरुष का अभाव है।'
8. 'तुम क्षमताहीन हो, तुममें शिष्टाचार और आकर्षण नहीं है।'
9. तुम स्त्री का व्यापार करने वाले व्यक्ति से भी अच्छे नहीं हो, जो अपनी स्त्री को किराए पर उठाकर आजीविका चलाता है। तुम मुझसे वेश्यावृत्ति कराकर उससे लाभ उठाना चाहते हो।
10. यह जानकर कि राम उसके व्यवहार को हमेशा सन्देह की दृष्टि से देखता है; सीता बोली—'राम! तुम मेरे रक्षक हो। मैं केवल तुमको प्यार करती हूँ। मैं तुम्हारी शपथ लेकर यह बार-बार तुमसे कहती हूँ। इसके बावजूद तुम मुझ पर विश्वास नहीं करते हो!'
11. राम ने कहा—'मैं तुम्हारी परीक्षा ले चुका हूँ।' (अयोध्याकांड, 6,7,8,9,10, से 11 सर्ग, अध्याय-30)
12. राम ने सीता के ठाठ-बाट और दिमागी दुर्बलता को याद करते हुए सीता को निर्देश दिया कि यदि वह उसके साथ जंगल जाना चाहती है, तो उसे अपने आभूषण उतार देने चाहिए। (अयोध्याकांड, 30 सर्ग)
13. सीता ने ऐसा ही किया; किन्तु उसने अनजाने में अन्य आभूषण पहन लिए। (अयोध्याकांड, 30 सर्ग)
14. कौशल्या जो यह सब देख रही थी; उसने सीता से कहा—'एक नेक और सच्चरित्र महिला के रूप में व्यवहार करो। अपने पति के वजूद को नजरंदाज नहीं करो।' सीता ने बड़ी बेअदबी से अपनी सास को जवाब दिया—'मुझे इन सब बातों के बारे में पता है।' लेकिन,

इसके बावजूद उसने अपने सारे गहने नहीं उतारे। (अयोध्याकांड, 37 सर्ग)

15. जब राम और लक्ष्मण पेड़ों की छाल के वस्त्र धारण किए हुए थे; उस समय सीता ने ऐसे वस्त्र पहनने से इनकार कर दिया। (अयोध्याकांड-37 सर्ग)
16. जो स्त्रियाँ सीता की अनिच्छा से परिचित थीं; उन्होंने सीता पर तरस खाते हुए राम से उसे साथ नहीं ले जाने की विनती की थी। इसके बावजूद राम ने उसे वल्कल वस्त्र पहनने को कहा और उसे जंगल ले गया। क्योंकि, कैकेयी ने अन्य स्त्रियों की इच्छा को मानने से इनकार कर दिया था। (अयोध्याकांड, 37 और 38 सर्ग)
17. हालाँकि, सीता ने दी गई किसी भी सलाह की परवाह नहीं की थी। उसने अपने सुन्दर परिधान और गहने धारण किए। इस तरह यह स्पष्ट है कि भरत की नापसन्दगी और कैकेयी का सीता को अपने राज्य (अयोध्या) में रहने की अनुमति नहीं देने के कारण सीता को जंगल में जाना पड़ा था।
18. वन-गमन के दौरान नदी पार करते समय सीता ने उससे प्रार्थना की—'हे नदी! यदि मैं सकुशल लौटी, तो तुम्हें एक हजार गाय और एक हजार पात्र मदिरा (शराब) भेंट करूँगी।' (अयोध्याकांड, 52 सर्ग)
19. वनवास में जब कभी-भी सीता को आसन्न खतरे का आभास हुआ, वह कुढ़ करके कहती—'हमारे दुख से कैकेयी को सुख-सन्तोष प्राप्त होगा।' इस तरह सीता कैकेयी के प्रति अपनी शत्रुता का भाव प्रकट करती थी।
20. जब कभी राम सीता को न देखकर उदास होता, तो लक्ष्मण उससे कहता कि 'तुम एक साधारण स्त्री के लिए इतना क्यों परेशान होते हो?' (अयोध्याकांड, 66 सर्ग)
21. लक्ष्मण कहा करता था कि सीता सन्देहास्पद चरित्र की महिला है। (अरण्यकांड, 18 सर्ग)

22. राम हिरण की खोज में बाहर गया था। सीता राम की सहायता करने के लिए लक्ष्मण को मना रही थी। यह देखते हुए कि लक्ष्मण उसे यहाँ अकेला छोड़कर जाने में हिचकिचा रहा है। सीता ने लक्ष्मण पर अपनी बातों से तीखे प्रहार किए—'क्या मुझे फुसलाने के लिए तुम यहाँ मँडरा रहे हो और राम की जान बचाने के लिए नहीं जाना चाहते? क्या इसी के लिए एक अच्छे आदमी बनकर तुम हमारे साथ जंगल आए हो? तुम धूर्त हो। मुझसे भोग-विलास करने के लिए तुम राम को मार देने पर तुले हुए हो। क्या इसी वजह से भरत ने तुमको हमारे साथ जंगल भेजा है? मैं तुम्हारे या भरत की इच्छा के समक्ष कभी-भी आत्मसमर्पण नहीं करूँगी।'

23. जब लक्ष्मण ने सीता के प्रति माँ का सम्मान प्रदर्शित करते हुए कहा कि तुम्हें ऐसी निर्लज्जता प्रकट करना शोभा नहीं देता। सीता ने उससे कहा—'तुम धूर्त हो; तुमने यह दिखा दिया है कि मुझे पाने की तुममें उत्कट लालसा है और मेरे ऊपर नजर डालने के लिए तुम समय की ताक में हो। (उपरोक्त दोनों के सन्दर्भ अयोध्याकांड के 45वें सर्ग में देखे जा सकते हैं ।)

24. रावण सीता को उठा ले जाने के उद्‌देश्य से उसकी झोंपड़ी तक आया था। उसकी सुन्दरता को देखकर वह उस पर मोहित हो गया। वह उसकी ओर बढ़ा। वह उसके स्तनों और जादूभरी जांघों की प्रशंसा करने लगा। इन सब बातों की सीता पर क्या प्रतिक्रिया हुई? क्या सीता ने रावण से घृणा की? क्या उसे अस्वीकार किया? क्या उसने उसे फटकारा? नहीं; बिलकुल नहीं। उसका गर्मजोशी से स्वागत हुआ। उसने रावण की उपस्थिति में अपनी ऊँची प्रतिष्ठा और अपनी जवानी की, बिना अपनी सही उम्र बताए; प्रशंसा की। (अरण्यकांड, 46, 47 सर्ग)

25. सीता ने रावण को उस समय नापसन्द करना शुरू कर दिया, जब उसने यह बताया कि वह राक्षसों का प्रधान रावण है।

26. जब अपनी गोद में रखकर वह सीता को ले जा रहा था, उस समय सीता अर्धनग्न थी और अपने शरीर के ऊपरी भाग से खुद ही कपड़े हटा दिए। (अरण्यकांड, 54 सर्ग)
27. जैसे ही सीता ने रावण के महल में पैर रखा, रावण के प्रति उसका प्रेम और बढ़ गया। (अरण्यकांड, 54 सर्ग)
28. रावण ने सीता से कहा—'आओ हम दोनों मिलकर आनन्द उठाएँ। सीता अपनी आँखें बन्द कर सुबकती रही।' (अरण्यकांड, 55 सर्ग)
29. रावण ने कहा—'सीता! तुम्हारा और हमारा यह मिलन भाग्य से ही सम्भव हुआ है। ऋषि भी इसके समर्थन में हैं।' (अरण्यकांड, 55 सर्ग)
30. सीता ने रावण को उत्तर दिया—'तुम मेरे शरीर को अपने आलिंगन में लेने के लिए स्वतंत्र हो। मुझे उसकी रक्षा करने की आवश्यकता नहीं है। मुझे इस बात का पश्चात्ताप नहीं कि मैंने भूल की है।' (अरण्यकांड, 59 सर्ग)। इन तथ्यों से इस निष्कर्ष पर पहुँचा जा सकता है कि सीता ने रावण को अपने साथ सहवास की अनुमति नहीं दी।
31. राम ने सीता से कहा—'सीता! ऐसा कैसे हो सकता है कि रावण ने तुम्हारे साथ संभोग किए बिना ही तुमको छोड़ दिया?' राम के इस आरोप पर सीता ने निम्नांकित उत्तर दिया, जो कि उपरोक्त कथन की पुष्टि करता है।
32. सीता ने उत्तर दिया कि, 'तुम सत्य कहते हो। किन्तु, तुम ही बताओ कि मैं क्या कर सकती थी? मैं तो अबला स्त्री हूँ। मेरा शरीर उसके अधिकार में था। मैंने स्वेच्छा से कोई भूल नहीं की है। इसके बावजूद भी मैं मन से तुम्हारे पास थी। जो हुआ, उसके पीछे ईश्वर की इच्छा रही होगी।' उसने बस इतना ही कहा; लेकिन उसने यह स्वीकारोक्ति नहीं की कि रावण ने उसके साथ सहवास नहीं किया था। (उत्तरकांड, 118 सर्ग)

33. सीता का गर्भ देखकर राम का सन्देह और पुष्ट हो गया। उसने प्रजा द्वारा सीता पर लगाए गए आरोपों की आड़ लेकर लक्ष्मण को आज्ञा दी कि वह उसको जंगल में छोड़ दे। सीता ने लक्ष्मण को अपना पेट दिखाते हुए कहा—'देखो, मैं गर्भवती हूँ।' (उत्तरकांड, 48 सर्ग)
34. जंगल में उसने दो पुत्रों को जन्म दिया। (उत्तरकांड, 66 सर्ग)
35. अन्त में जब राम ने इस सम्बन्ध में सीता से शपथ खाने को कहा, तो सीता ने अस्वीकार कर दिया और वह मर गई। (उत्तरकांड, 97 सर्ग)
36. रावण ने नतमस्तक होकर बहुत ही सम्मानपूर्वक बिना उनके शरीर को स्पर्श किए उसको अपने पीछे आने को कहा। इसका मतलब हुआ कि 'रावण ने सीता के प्रति किसी तरह की शक्ति का प्रयोग नहीं किया और सीता अपनी इच्छा से उसके पीछे गई।' सीता सिर्फ अपनी इच्छा से ही रावण के पीछे जा सकती थी। उसकी इच्छा के खिलाफ रावण उनको छू तक नहीं सकता था। क्योंकि, रावण को यह श्राप दिया गया था कि यदि वह किसी स्त्री को उसकी इच्छा के विरुद्ध छुएगा, तो उसके सिर के टुकड़े-टुकड़े हो जाएँगे। ब्रह्मा का भी उसे यह श्राप था कि यदि वह किसी स्त्री को उसकी अनिच्छा के बावजूद छुएगा, तो वह भस्म हो जाएगा। अत: रावण ने किसी भी स्त्री को उसकी इच्छा के विरुद्ध न तो कभी छुआ; न कभी छू सकता था।
37. रावण से सीता को वापस प्राप्त करने के बाद राम अयोध्या का राजा बना। एक दिन उसकी साली कुकुवावती ने राम के पास जाकर कहा—'हे श्रेष्ठ! तुम सीता को खुद से ज्यादा प्यार कैसे करते हो? मेरे साथ आओ और अपनी प्यारी सीता के हृदय की वास्तविकता को देखो। वह अब भी रावण को नहीं भूल सकी है। वह रावण के ऐश्वर्य पर गर्व करती हुई उसका चित्र अपने पंखे पर बनाए हुए है। उसे अपनी छाती से चिपकाए हुए है। उसके ध्यान

में मग्न अपनी चारपाई पर लेटी हुई है।' इसी समय राम का मुख्य गुप्तचर दुर्मुहा राम के पास आया और उसे बताया कि रावण से सीता को वापस लेने और उसे पुन: अपनी पत्नी बना लेने से प्रजा में उसकी निन्दा एवं बदनामी हो रही है। यह सुनते ही राम को क्रोध आ गया। उस समय राम को जिस तरह का अपमान और दुख का अनुभव हुआ, उसे उसके चेहरे के भावों से स्पष्ट देखा जा सकता था। उसने आहें भरीं और अपनी साली कुकुवावती के साथ सीता के कमरे में गया। राम ने सीता को रावण के चित्र वाले पंखे को अपनी छाती से चिपकाए सोया हुआ पाया। यह बात श्रीमती चन्द्रावती द्वारा लिखित 'बंगाली रामायण' के पृष्ठ-199 और 200 में लिखी गई है। घटनाओं के गम्भीर अध्ययन से पता चलता है कि राम को जब यह पता चला कि सीता गर्भवती है, अन्दाजन वह समय रावण से सीता को छुड़ाने और अयोध्या लौटने के लगभग एक माह बाद का था।

38. सीता को रावण का चित्र बनाते हुए राम ने रंगे हाथ पकड़ा था। (मि. सी.आर. श्रीनिवास आयंगर की 'नोट्स ऑन रामायण')
39. रामायण के अनुसार हम कह सकते हैं कि राम अयोग्य व्यक्ति और सीता व्यभिचारिणी थी।

इस बात को साबित करने के लिए कई दृष्टान्त हैं कि राम ने सीता को जंगल में अकेला छोड़ देने के लिए कहा। यह एक बहुत ही निर्मम क्रूरता है।

जहाँ तक सीता के चरित्र की बात है, रावण के साथ अनुचित अन्तरंगता के कारण वह नैतिक रूप से पवित्र नहीं थी। अगर यह कहा जाता है कि राम ने जो किया, वह उचित था; तो इस तथ्य को भी स्वीकार करना होगा कि सीता को रावण ने गर्भवती किया था।

यदि यह भी मान लें कि सीता ने कोई नैतिक अपराध नहीं किया था और राम से गर्भवती हुई थी, तो गर्भवती सीता को उस समय जंगल भेजने के राम के निर्णय को गलत और अमानवीय मानना चाहिए। राम ने सीता के गर्भवती होने की बात सुनी और दूसरे ही दिन उसे जंगल भेज दिया।

इस स्थिति में यह साबित करने की कोशिश करना कि सीता व्यभिचारिणी नहीं थी और राम दुष्ट नहीं था कहना गलत होगा। इसका अर्थ यह होगा कि व्यभिचार और दुष्टता दोनों ही क्षम्य हैं।

तब यह कथन कैसे सत्य हो सकता है कि राम का अवतार सदाचारण सिखाने लिए और सीता पवित्रता सिखाने के लिए धरती पर आई थी?

अगर ब्राह्मणों की यह बात मान ली जाए कि राम और सीता ने जो किया, वह सही था; तो क्या यह भोले-भाले आम लोगों को ठगने जैसा नहीं होगा? सुधारक कैसे इस तरह की बेतुकी बातों को बर्दाश्त कर सकते हैं? इन सब कारणों से हम यह कहते हैं कि राम और सीता दोनों ही चरित्रहीन पात्र हैं।

सीता का गर्भवती होना

वाल्मीकि रामायण का गम्भीर तथा सूक्ष्म अध्ययन स्पष्ट प्रकट करता है कि सीता राम से गर्भवती नहीं थी।

रावण को मारने के बाद राम सीता के साथ अयोध्या लौटा और उसका राजा बनकर राज करने लगा। इसके बाद उसने सुग्रीव, विभीषण और अन्य लोगों को अपने-अपने स्थान पर वापस भेज दिया। अन्त में पुष्पक विमान भी वापस भेज दिया। पुष्पक विमान के भेजे जाने के तुरन्त बाद भरत ने दोनों हाथ जोड़कर राम से कहा—'हे नाथ! तुम तो दैवी शक्ति हो। तुम्हारे शासन के एक माह के अन्दर ही प्रजा सब प्रकार से आनन्दित तथा सन्तुष्ट है।'

कहा गया है कि दस हजार वर्ष शासन कर चुकने के पश्चात् एक दिन राम और सीता अपने महल के बाग में बैठे हुए थे। उसी समय राम को सीता के गर्भवती होने का पता चला। वाल्मीकि रामायण के अनुवादक मि. श्रीनिवास आयंगर के उत्तरकांड के श्लोक संख्या-42 एवं पृष्ठ-163 के अनुसार, यह दस हजार वर्ष वाली बात वाल्मीकि ने खुद नहीं लिखी थी। इसे बाद में जोड़ा गया था। अपनी सम्पादकीय टिप्पणी में वे लिखते हैं—'ऐसा

लगता है कि यह श्लोक, जिसमें 10 हजार वर्षों के शासन की बात लिखी है; उसे वाल्मीकि ने नहीं लिखा है।'

वाल्मीकि रामायण के बालकांड के अध्याय-2 के प्रथम श्लोक के अनुसार राम ने सीता को जंगल में भेजने के बाद देश पर 10 हजार वर्ष तक राज्य किया। उसने बहुत-से अश्वमेध यज्ञ भी किए। (देखें—उत्तरकांड, 99 अध्याय)। कहा जाता है कि यह श्लोक सीता को सन्देह से परे रखने के लिए इसमें जोड़ दिया गया है। सीता के गर्भवती होने की बात का पता एक महीने के अन्दर ही चल गया और इसके बाद उसको घने जंगल में छोड़ दिया गया। जंगल में पहुँचकर सीता ने लक्ष्मण को अपना पेट दिखाया और कहा कि उसके पेट में चार महीने का गर्भ पल रहा है। उसने लक्ष्मण से कहा—'मेरा पेट देखो! मेरा गर्भ चार महीने का है।' यह कहकर उसने लक्ष्मण को विदा किया। अगर मामला ऐसा है, तो ऐसा कैसे हो सकता है कि एक महीने का गर्भ चार महीने का हो गया और यह कैसे कहा जा सकता है कि उसका यह गर्भ राम से था?

8. लक्ष्मण

जहाँ तक लक्ष्मण के चरित्र की बात है, हमें उसके चरित्र में कोई उल्लेखनीय तत्त्व नजर नहीं आता। रामायण में अनेक स्थानों पर लक्ष्मण का जिक्र सिर्फ इसलिए मिलता है, क्योंकि वह हमेशा ही राम के साथ रहता है। कहीं भी इस बात का पता नहीं चलता है कि वह औसत व्यक्ति से अच्छा था। बड़े आश्चर्य की बात है कि उसे 'युवा अवतारी' कैसे कहा जाता है।

1. भरत से राजगद्दी छीनने के षड्यंत्र में उसका हाथ था।
2. राम ने अपने प्रति लक्ष्मण की भक्ति पर सन्देह करके उसे छलपूर्वक फुसलाया। उसने कहा कि 'लक्ष्मण! राजगद्दी भले ही मुझे मिले, पर राज तुम्हीं करोगे।' यह सुनने के बाद लक्ष्मण तन-मन से राम को राजा बनवाने के लिए सब कुछ करने में जुट गया। सुमित्रा के बेटे लक्ष्मण ने राम का साथ दिया। जबकि, उसके दूसरे बेटे

शत्रुघ्न ने भरत के प्रति अपनी वफादारी दिखाई। शायद वे इस बात को जानते थे कि उनमें से कोई भी किसी भी तरह राजा नहीं बन सकता था।

3. लक्ष्मण ने अपने पिता दशरथ को काफी गालियाँ दीं और उसे विश्वासघाती कहा।
4. उसने प्रस्ताव रखा था कि उसके पिता को जेल में डाल देना चाहिए।
5. उसने कहा कि उसके पिता की हत्या कर देनी चाहिए।
6. उसने यहाँ तक कहा कि 'मनु के अनुसार पिता को मारना धर्म है।'
7. उसने कहा था—'मैं भरत तथा उसके सहयोगियों को पूरी तरह मिटा दूँगा।' (अयोध्याकांड, 21 सर्ग, श्लोक 3 से 7 तक)
8. राम ने आहें भरते हुए कहा—'यह ईश्वर की ही इच्छा थी कि मैं राजा नहीं बन सका।' यह सुनकर लक्ष्मण ने राम की आलोचना की और कहा—'ईश्वर की इच्छा की बात सिर्फ डरपोक और मूर्ख करते हैं।'
9. लक्ष्मण ने राम को बताया कि तुम्हें धोखा देने के लिए दशरथ और कैकेयी ने अपनी पूर्व-सुनिश्चित योजनानुसार तुम्हें राजगद्दी देने के मुद्दे पर अलग-अलग मत रखने का दिखावा किया है।
10. लक्ष्मण ने चुनौती देते हुए राम से कहा—'मैं दशरथ और कैकेयी को वन में भेज सकता हूँ और तुम्हें राजगद्दी पर बैठा सकता हूँ।'
11. उसने यह भी कहा—'यदि तुममें ख़ुद का राजतिलक करने का साहस नहीं है, तो मैं खुद राजगद्दी पर अधिकार कर लूँगा और अयोध्या पर राज करूँगा।' (अयोध्याकांड, 23 सर्ग, श्लोक 8 से 11)
12. अपना देश छोड़ वनवास के लिए जाते हुए उसने कहा—'वह धन्य है जो वेश्याओं की नगरी/भोग-विलास की नगरी अयोध्या पर राज करता है।' (अयोध्याकांड, 51 सर्ग)

13. उसने आहें भरते हुए कहा—'क्या हम सुरक्षित अयोध्या लौट आएँगे।' (अयोध्याकांड, 51 सर्ग)
14. राम को ससम्मान अयोध्या वापस ले जाने और उसको राजा बनाने के लिए जंगल आए भरत को देखकर वह उस पर ग़ुस्से में बोला—'अब मैं उसको जान से मार दूँगा।' (अयोध्याकांड, 98 सर्ग)
15. विरादन को वन में देखकर उसने कहा—'गद्दी हड़पने वाले भरत से अब मैं बदला लेने जा रहा हूँ।' (अरण्यकांड, 2 सर्ग)
16. उसने शूर्पणखा से कहा कि 'सीता चरित्रहीन है; उसकी छातियाँ ढीली हो चुकी हैं।' (अरण्यकांड, 18 सर्ग)
17. सीता के प्रति उसके बर्ताव ने सीता के मन में सन्देह पैदा कर दिया कि उसके साथ प्रेम दिखाकर उसके साथ संभोग करना चाहता था।
18. 'जो भी सीता को ले जाना चाहे, ले जाने दो! उसे मर जाने दो! क्या फर्क पड़ता है? क्यों हम किसी नीच महिला के कारण अपनी जान जोखिम में डाल दें?' उसने अपने बड़े भाई को उसकी (भाई की) पत्नी के बारे में इस तरह की अनुचित और गैर-जिम्मेदारी भरी बातें कहीं।
19. लक्ष्मण ने ताड़का, शूर्पणखा व अयोमुखी जैसी स्त्रियों के कान, नाक और स्तन काटकर उनका रूप बिगाड़ दिया था।
20. 'दुख में खोया हुआ राम स्वयं तुम्हारी शरण में आया है। उस पर दया करो।' —ऐसा कहते हुए लक्ष्मण ने सुग्रीव के समक्ष आत्मसमर्पण कर दिया।
21. इसके कुछ समय बाद लक्ष्मण ने उसी सुग्रीव का कत्ल करने की आज्ञा राम से माँगी।
22. राम के इशारे पर उसने सीता से झूठ बोला था और गर्भवती होने के बावजूद उसे जंगल में छलपूर्वक छोड़ आया था।
23. राम और भरत दोनों उसके बड़े भाई थे। किन्तु, वह राम का सहायक व भरत का विरोधी था। इसी प्रकार वह कौशल्या का

भक्त था। लेकिन, कैकेयी से घृणा करता था। ऐसा क्यों? गद्दी प्राप्त करने की उसकी लालसा के अलावा इसका और क्या कारण हो सकता है?

अब हम निम्नांकित लोगों के बारे में संक्षिप्त में जानें :

भरत, कैकेयी, सुग्रीव, शत्रुघ्न, सुमंत्र, अंगद, कौशल्या, वशिष्ठ, विभीषण, सुमित्रा, हनुमान, रावण और बालि।

9. भरत

हम भरत में ऐसा कोई गुण नहीं पाते हैं, जिसके आधार पर उसे श्रेष्ठ कहा जा सके।

1. उसने अपने बचपन के शुरुआती दस वर्ष अपने नाना के महल में एक चंचल बालक के रूप में बिताए थे।
2. वहाँ से बुलाए जाने पर ही वह अयोध्या लौटा। उसे अपने मां-बाप व परिवार की कोई चिन्ता नहीं थी।

   अपने नाना के यहाँ से अयोध्या लौटने पर जब उसे यह पता चला कि राम को जंगल भेजा जा रहा है; तब उसने यह जानना चाहा कि क्या उसने (राम ने) किसी महिला के साथ बलात्कार किया है, जिसकी वजह से उसको यह सजा दी जा रही है? (अयोध्याकांड, 72 सर्ग)

4. उसने अपनी माँ को गालियाँ दीं और उसे कर्कशा, पिशाचिनी, वेश्या, दुष्टा व नटखट स्त्री कहा। इसके साथ यह भी कहा कि अच्छा होता कि वह मर जाती। उसने अपनी माँ से कहा कि तुम इस देश से निकल जाओ। मुझे तेरा पुत्र होने का दुख है। इस प्रकार उसने अपनी उस माता को फटकारा और बुरा-भला कहा, जिसने उसे बड़ी मुश्किल से उसके लिए अयोध्या का राज्य प्राप्त

किया था। उसने वस्तुस्थिति तथा अपनी माता के पक्ष को समझने का प्रयत्न नहीं किया।

5. उसने अपने पिता को उपद्रवी व प्रजा-पीड़क बताया। (अयोध्याकांड, ऊपर 4 और 5 में कही गई बातें सर्ग 73, 74 से ली गई हैं।)
6. वन में राम से वार्तालाप करते हुए उसने उससे प्रार्थना की कि 'अयोध्या लौट कर आओ और खुशी प्रदान करने वाली शाही महिलाओं के बीच राजमुकुट धारण करो।' (अयोध्याकांड, 105 सर्ग)
7. भरत की भी कई पत्नियाँ थीं।

10. शत्रुघ्न

वह एक अव्वल दर्जे का मूर्ख था।

1. उसने अपनी सौतेली माँ कैकेयी को गालियाँ दीं ।
2. उसने मंथरा को फटकारा, मारा और उसके अंगों को तोड़ दिया। वह आद्योपान्त सब भेद जानती थी और अपनी मालकिन कैकेयी के प्रति कर्तव्यनिष्ठ थी। वह कैकेयी की विश्वासपात्र थी और न्याय पाने की कोशिश में उसकी मदद कर रही थी।
   ध्यान देने की बात यह है कि भरत और शत्रुघ्न, जिन्होंने अपने माता-पिता को गालियाँ दीं; उन्हें बुरी तरह अपमानित किया; उन दोनों ने ही अपने बड़े भाई राम के प्रति भक्ति-भाव प्रदर्शित किया था।

11. कौशल्या

उसका व्यवहार निम्न कोटि के उन परिवारों जैसा था, जिन परिवारों में एक पुरुष की कई पत्नियाँ होती हैं।

1. उसके मन में सदैव यह उत्कट अभिलाषा रहती थी कि किसी भी तरह से, अयोध्या का राजपाट उसके पुत्र राम मिले।

2. वह कैकेयी से द्वेष करती थी और उसके प्रति शत्रुता का भाव रखती थी।
3. उसे इस बात का मलाल था कि वह वृद्ध हो चुकी है और उसके शरीर का आकर्षण समाप्त हो गया है। इससे वह दुखी रहती थी। (अयोध्या कांड 20 सर्ग)
4. अपने पति के प्रति तनिक भी सम्मान की भावना न रखते हुए उसने उसे गालियाँ दीं।

12. सुमित्रा

उसमें वर्णन करने योग्य गुणों का अभाव है।

1. वह जानती थी कि उसके पुत्र को गद्दी मिलनी नहीं है। इस कारण वह राम को राजा बनाने की इच्छुक थी।
2. 'चौदह वर्ष व्यतीत होते ही राम तुरन्त लौट आएगा और भरत से राजगद्दी छीन लेगा।'—यह कहकर वह कौशल्या को ढाढ़स बंधाया करती थी। इससे प्रकट होता है कि दोनों के मन में भरत के प्रति कटुता थी।

13. कैकेयी

1. वह सुन्दर वीरांगना रानी थी। वह अधिकृत रानी थी।
2. एक या दो अवसरों पर उसने अपने पति की प्राण-रक्षा की थी।
3. अयोध्या का राज्य उसी का था। क्योंकि, उसने अपने पति की जान बचाई और उससे विवाह करते समय राजा दशरथ ने अपना राज्य उसी को सौंप दिया था।
4. भरत ने कैकेयी से जब भी यह कहा—'मैं राम को राज्य सौंप दूँगा...मैं उसे यह राज्य सौंप चुका हूँ।' कैकेयी ने इस पर कभी आपत्ति नहीं की।

5. राजगद्दी पर अपना अधिकार सिद्ध करने के लिए उसने कठिन प्रयत्न किए। उसने दुष्टतापूर्ण विचारों को अपने हृदय में स्थान नहीं दिया और न उसने कोई तुच्छतापूर्ण कार्य किया।

14. सुमंत्र

मंत्री होने के बावजूद भी वह ईमानदार और उच्च चरित्र का व्यक्ति नहीं था।

1. दशरथ के साथ उसका व्यवहार छल-कपटपूर्ण था। उसने उसे कभी भी उचित परामर्श नहीं दिया।
2. वह रानी कैकेयी से उपहासास्पद वार्तालाप किया करता था। (अयोध्या कांड 35 सर्ग)
3. वह झूठ भी बोलता था।

15. वशिष्ठ

गुरु वशिष्ठ ने एक साधारण पुरोहित से बेहतर आचरण नहीं किया।

1. यह जानते हुए कि राजगद्दी पर भरत का अधिकार है; उसने राम को गद्दी पर बैठाने की चाल चली।
2. षड्यंत्र को सफल बनाने के लिए उसने जल्दबाजी में राम को राजा बनाने के लिए तिथि निश्चित की।
3. जिस दिन को उसने राम के राजतिलक के लिए शुभ दिन के रूप में चुना था, आखिरकार उसी दिन राम को वनवास के लिए निकलना पड़ा।

16. हनुमान

वह एक साधारण व्यक्ति था। उसने कोई बुद्धिमत्तापूर्ण कार्य नहीं किया था। उसके बारे में रामायण में कहा गया है कि उसे जो यश तथा प्रसिद्धि प्राप्त

हुई। वह इसलिए हुई, क्योंकि उसने अच्छे काम किए थे। लेकिन, इसे तथ्यों से साबित करना काफी कठिन है।

1. उसने अन्यायपूर्वक लंका में आग लगा दी। अनेक असहाय व निर्दोष लोगों का वध किया और इस तरह उसने बहुत तबाही मचाई।
2. सीता से वार्तालाप करते समय उसने निर्लज्ज एवं असभ्यतापूर्ण शब्दों का प्रयोग किया था। यहाँ तक कि उसने मनुष्य के लिंग के विषय में भी सीता से बातचीत की थी; जैसा स्त्रियों के समक्ष नहीं करना चाहिए था। (सुन्दरकांड 35 सर्ग)

17. बालि

बालि किसी प्रकार भी दोषी नहीं था।

1. वह अपने भाई को नहीं मारना चाहता था।
2. सुग्रीव ने अनावश्यक रूप से बालि के साथ झगड़ा किया था।
3. बालि का स्वभाव किसी को नुकसान पहुचाने वाला नहीं था और इसलिए उसमें कोई दोष नहीं था।
4. उसने अपनी पत्नी को वचन दिया था कि वह अपने भाई को नहीं मारेगा। इस वादे के साथ उसने उसके साथ लड़ाई की।
5. वह बहुत ही धैर्यवान और शक्तिशाली था।
6. वह सच्चा व खरा था।
7. कोई भी मनुष्य उसको आमने-सामने के युद्ध में हरा नहीं सकता था।
8. वह बहुत-से महान व्यक्तियों का प्रिय मित्र था।
9. उसने राम को गलती से ईमानदार व्यक्ति समझ लिया था।
10. बालि की मृत्यु पर सुग्रीव ने उसके गुणों की प्रशंसा की थी और कहा था—'मैं अपने ऐसे भाई को खोकर जीवित नहीं रहना चाहता। अब मैं चिता में जलकर भस्म हो जाऊँगा।'

बालि जैसे योग्य पुरुष को मार डालने को सही ठहराने के लिए राम ने कहा था—'पशुओं को मारने में धर्म का विचार नहीं करना चाहिए। क्या वह (बालि) पशु था?'

18. सुग्रीव

1. उसने अपने भाई को धोखा दिया था।
2. वह केवल अपने भाई को मार डालने के लिए राम का सेवक बना।

19. अंगद

अंगद में आत्मसम्मान की भावना नहीं थी। उसने उस राम से मित्रता की, जिसने उसके पिता को मार डाला था।

1. उसके मन में अपने चाचा सुग्रीव के प्रति अच्छे भाव नहीं थे।
2. उसका व्यवहार एक बिना शर्त सेवा करने वाले उस दास की तरह था, जो अपने बारे में कोई राय नहीं रखता।

20. विभीषण

1. अपने भाई रावण की हत्या कराकर वह लंका का राजा बन गया; और फिर अपने परिवार के दुश्मन राम के सामने आत्मसमर्पण कर दिया।
2. जब इंद्रजीत से पराजित होकर राम व लक्ष्मण धाराशायी हो गए, तब विभीषण ने कहा—'राम व लक्ष्मण की शक्ति पर भरोसा कर मैं अपना भविष्य बनाने के लिए उनके पास गया था। किन्तु, अब मेरी सम्पूर्ण आशाओं पर पानी फिर गया। मैं अब विपत्ति में फँस गया हूँ और राज्य भी मैंने खो दिया। मेरा शत्रु रावण अपनी प्रतिज्ञा पूरी हो जाने के कारण प्रसन्न है।' इस प्रकार उसने लंका का राजा

बनने के अपने लालच को स्पष्ट प्रकट किया था। (उत्तरकांड, 49 सर्ग)

3. हनुमान, सुग्रीव तथा अन्य लोग राम को विभीषण की महत्त्वाकांक्षा के बारे में बता चुके थे।
4. राम यह जानता था और उसने कहा—'मुझे ऐसे ही नीच मनुष्य की आवश्यकता है।' (उत्तरकांड, 17 सर्ग)
6. रावण के जीवित रहते ही राम ने उसे राजा बना दिया था और उसने इसे सहर्ष स्वीकार कर लिया था। (उत्तरकांड, 18 सर्ग)
7. इसके परिणामस्वरूप उसने (विभीषण ने) राम को बहुत-से गुप्त भेद बताए।

उसने अपने आपको राम के हवाले कर दिया और अपने भाई को यह कहकर धोखा दिया कि उसका भाई रावण सीता को हर लाया है। पर, जिस वास्तविक कारण से वह यह सब करने के लिए प्रेरित हुआ; वह था—लंका पर राज करने की उसकी इच्छा। वह सच्चा और न्यायी नहीं था।

कैसे?

1. रावण की वाटिका में राम के अनधिकृत रूप में प्रवेश करने और वहाँ जानवरों का शिकार करने पर उसने कोई ध्यान नहीं दिया था।
2. जब उसकी बहन शूर्पणखा व अन्य सम्बन्धित स्त्रियों को अपमानित कर उनके नाक, कान व स्तन काट डाले गए, तब भी उसका खून नहीं खौला। कुछ महिलाओं की हत्या तक कर दी गई थी। इन सभी बातों से उसे कोई बेचैनी नहीं हुई।
3. उसने गलती और भयानक भूल करने वाले व्यक्ति (राम) की ईमानदार, न्यायी और बहादुर कहकर प्रशंसा की। जबकि अपने सच्चे और बहादुर भाई (रावण) से घृणा करता रहा; जो सीता के साथ उस समय भी आदर से पेश आया था, जब वह उसकी कैद में थी। यह सब कुछ उसने अपने भाई रावण से दगा कर लंका का

राज हड़पने के निश्चित मन्तव्य के साथ किया। क्या इसे स्वार्थी और घटिया मानसिकता नहीं कहेंगे?

21. रावण

रावण की विशेषताएँ :

वह...

1. एक महान विद्वान था।
2. बहुत बड़ा संत था।
3. वेद और शास्त्रों का ज्ञाता था।
4. अपने सम्बन्धियों व प्रजा के प्रति दयालु और उनका संरक्षक था।
5. वीर योद्धा था।
6. बहुत शक्तिशाली था।
7. शूरवीर था।
8. पवित्र व्यक्ति था।
9. परमात्मा का प्रिय पुत्र था।
10. वरदानी पुरुष था।

    वाल्मीकि ने खुद रावण की उपरोक्त दस विशेषताओं का वर्णन किया है और उसकी प्रशंसा कई स्थलों पर की है।

2. कमीना विभीषण अपने भाई रावण की प्रभुता से द्वेष रखता था। उसने रावण को धोखा दिया और उसकी मृत्यु का कारण बना। रावण के मरने के तुरन्त बाद भ्रातृ-प्रेम से अभिभूत विभीषण उसके शव पर पछाड़ खाकर विलाप करने लगा और उसके गुणों का बखान करने लगा। विभीषण ने कहा—'तुम न्याय करने में कभी पीछे नहीं रहे। तुमने महान लोगों का हमेशा आदर किया।' (उत्तरकांड, 111 सर्ग)
3. अपनी बहन शूर्पणखा के प्रति की गई भयानक दुष्टता और अपमान से कुपित होकर उसने राम से बदला लेने का निर्णय लिया। वह सीता को लंका उठा लाया। वह सीता को इसलिए नहीं लाया था

कि उसको प्रेम करता था। न ही किसी की पत्नी को बहलाने-फुसलाने का उसका कोई इरादा था।

4. प्रेम-प्रसंग के बारे में रावण के गुणों की हनुमान ने स्वयं प्रशंसा की है—'रावण के राजभवन में रह रही महिलाओं ने रावण की पत्नी बनने के लिए खुद को प्रस्तुत किया। उसने किसी भी महिला को उसकी अनुमति के बिना छुआ तक नहीं और न ही उनके खिलाफ बल प्रयोग किया।' (सुन्दरकांड, 9 सर्ग)
5. रावण देवताओं और ऋषियों से आखिर क्यों घृणा करता? क्योंकि, वे यज्ञ करते थे यानी पवित्र अग्नि को आहुति देने के नाम पर निर्दयतापूर्वक गूंगे पशुओं की बलि देने का जघन्य अपराध करते थे। वह किसी अन्य कारणों से उनसे घृणा नहीं करता था। वाल्मीकि ने खुद कहा है—'रावण एक सज्जन पुरुष था। वह सुन्दर व उत्साही था। लेकिन, जब वह ब्राह्मणों को यज्ञ करते हुए व सोमरस पीते हुए देखता था, तब उन्हें दंड देता था।
6. वाल्मीकि ने स्वयं कहा है कि राम व लक्ष्मण द्वारा शूर्पणखा के नाक-कान काटने बाद, यानी भयानक रूप से उकसाए जाने और अपना आपा खोने की स्थिति में भी, रावण ने सीता के नाक, कान एवं स्तन काटने की बात सोची तक नहीं थी।
7. सीता को पूर्व नियोजित योजना के तहत जंगल में एकान्त में छोड़ दिया गया था। ताकि, रावण सीता को आसानी से उठा ले जाए। सीता भी यह उम्मीद लगाए थी कि रावण उसे उठा ले जाए और वह इसी को ध्यान में रखकर तैयारी कर रही थी। इसके पक्ष में कई अनुवादकों ने अपने मत व्यक्त किए हैं।
8. उसने अपने मंत्रियों की जो सभाएँ आमंत्रित कीं और उसमें जो विचार-विमर्श हुआ, उसी पर उसने अमल किया; यह उसके न्यायशील शासन के उदाहरण हैं।

रामायण के पात्रों के चरित्र, आचरण और योग्यता के बारे में ऊपर जो वर्णन किया गया है; वह वाल्मीकि रामायण और खुद ब्राह्मणों द्वारा

तमिल में किए गए इसके अनुवाद पर आधारित है। इससे हमारे पाठक यह समझ पाएँगे कि अब तक रामायण के बारे में जो तमिल समाज की राय थी, वह पूरी तरह गलत है। संक्षिप्त में कहा जा सकता है कि रामायण में सच बोलने वाले और सही सोच वाले लोगों को नीचा दिखाया गया है और उन्हें नालायक बताया गया है। जबकि बेईमान और दुराचारियों को बहुत ही ईमानदार, धार्मिक और पूजनीय का दर्जा दिया गया है। इस पुस्तक की रचना का उदेश्य इस तरह की भ्रान्तियों को दूर करना और उन पर विश्वास करने वालों को यह बताना है कि साधु का कपड़ा पहन लेने से ही कोई साधु नहीं हो जाता।

बंगाली रामायण

बंगाली रामायण के 'लंकावतार सूत्र' में वर्णन किया गया है कि रावण द्रविड़ राजा था। उसने बौद्ध धर्म स्वीकार किया था। वह अरस्तू तथा प्लेटो के स्तर का दार्शनिक था। चूँकि बौद्ध साहित्य में रावण की काफी प्रशंसा की गई है। इसी कारण ब्राह्मणों तथा पंडितों द्वारा रामायण में रावण की अनुचित ढंग से आलोचना तथा निन्दा की गई है। कृत्तिवास ने अपनी रामायण में कहा है कि रावण प्रेम एवं सम्मानपूर्वक अपने देश में शासन करता था।

रणक्षेत्र में मरते समय रावण ने राम को अपने पास बुलाकर उसके कान में दयालुता के सिद्धान्तों का वर्णन किया और कहा कि जो लड़ाई उसने (राम ने) लड़ी है, वह छल-कपट से भरी थी। इस प्रकार कृत्तिवासी रामायण में हम पाते हैं कि रावण सच्चाई और शुचिता का उपदेश देता है। (पृ.-124)

रामायणकाल के मादक पेय-पदार्थ

(यह आलेख डॉक्टर एस.एन. व्यास ने दिल्ली से प्रकाशित कारवां नामक पत्रिका में 'ड्रिंक्स इन रामायण' नाम से लिखा था; जो 15-8-54 को प्रकाशित हुआ था।)

1. किथाई सुरा : किथाई सुरा ऐसी शराब को कहा जाता है जो उबालकर बनाई जाती है।
2. मैरेय : यह मसालों से तैयार होने वाली शराब है।
3. मद्य : बेहोश तथा मतवाला बना देने वाला पेय पदार्थ।
4. मंधा : यह साधारण मादक पेय पदार्थ था, जिसमें ज्यादा नशा नहीं होता था। यह पिथ मंध भी कहलाता था। ज्यादा नशा नहीं होने के कारण सब इसे पीना पसन्द करते थे।
5. सुराबनम : यह किथाई सुरा से भिन्न है। किथाई सुरा कृत्रिम विधि से बनाई जाती थी, जबकि सुराबनम प्राकृतिक मादक पेय है। यह आम लोगों का पेय था और इसे निथारने की प्रक्रिया से तैयार किया जाता था। पुराणों में इस बारे में बहुत कुछ कहा गया है।
6. सिधु : यह गुड़ के शीरे से बनाई जाती थी।
7. सौविराक : यह निचले दर्जे का पेय था।
8. वारुणी : उन दिनों प्रयोग होने वाले पेय पदार्थों में यह सबसे कड़ी (नशीली) थी। इसे पीते ही लोग लड़खड़ाने लगते थे।

राम और सीता का चरित्र चित्रण

(यह पेरियार ई.वी. रामासामी द्वारा वाल्मीकि रामायण पर दिए गए भाषणों पर आधारित है।)

जब भी हम रामायण के अनर्गल एवं घृणास्पद प्रसंगों का भंडाफोड़ करने का प्रयत्न करते हैं, समस्त ब्राह्मण संगठन तथा उनके पदाधिकारी और प्रेस हमारे विरोध में खड़े हो जाते हैं। वे तुरन्त अपने अखबारों में छापते हैं कि 'रामासामी नायकर ने राम को पाजी और सीता को वेश्या बताया।' ऐसा वे मेरे भाषणों से एक या दो वाक्य इधर-उधर से उठाकर उसका सन्दर्भ बताए बिना और मेरे ऐसा कहने का कारण दिए बिना करते हैं। इसका क्या मतलब है? इस तरह के आधी-अधूरी खबरों के द्वारा वे लोगों को मेरे खिलाफ भड़काना चाहते हैं।

रामायण केवल कपोल कल्पना है। यह ईश्वर की कथा नहीं है। जैसा कि आज लोग इसे समझ रहे हैं। इस तथ्य को कई लोग स्वीकार करते हैं। मि. गांधी ने स्वयं कहा है—'मेरा राम रामायण का राम नहीं है।'

'कलियुग कम्ब' के उपनाम से जाने जाने वाले मि. टी.के. चिदंबरनाथ मुदालियर ने घोषणा की है कि रामायण कोई दैवी-कथा नहीं है; यह एक साहित्य मात्र है। बंबई की 'भारत इतिहास समिति' ने बहुत सारे विद्वान लोगों की मदद से और बिड़ला जैसे धनवान लोगों की आर्थिक सहायता से प्रकाशित पुस्तक 'वैदिक एज' (वैदिक युग) में लिखा है कि किसी भी पुराण का कोई ऐतिहासिक आधार नहीं है; न ही वे इस योग्य हैं कि वे लोगों को न्याय और नैतिकता की शिक्षा दे सकें। यह भी कि ये सिर्फ काल्पनिक हैं। यहाँ तक कि श्री सी. राजागोपालाचारी ने कहा है कि राम कोई देवता नहीं है। पर हां, वह नायक अवश्य है।

क्या राम ईश्वर का अवतार है?

बहुत सारे शोधकर्ता और विद्वान राम को ईश्वर का अवतार नहीं मानते हैं और न ही रामायण को ही इस तरह के दैवीय व्यक्ति का जीवन वृत्तांत मानते हैं। इसके अलावा मूल रामायण के लेखक वाल्मीकि ने अपनी कृति में कहीं भी राम के बारे में ऐसा कुछ नहीं लिखा है, जो राम को ईश्वर का अवतार सिद्ध करता हो।

पहली बात तो यह कि इसकी कहानी की शुरुआत जिस तरह से होती है, उसे मूर्खतापूर्ण ही कहा जा सकता है। कहा गया है कि विष्णु ने बिरुहु ऋषि की पत्नी की हत्या कर दी थी और इसलिए उस ऋषि ने उसे श्राप दे दिया था कि वह आदमी बनकर पैदा होगा और उसकी पत्नी उससे अलग हो जाएगी और उसके वियोग में वह रोएगा। —एक कहानी तो यह है। दूसरी कहानी में यह कहा गया है कि उसी विष्णु ने जलंद्रासुर की पत्नी वृन्द्रा की सुन्दरता से आकर्षित होकर उसके पति (जलंद्रासुर) को छद्म-भेष धारण कर मार दिया। उसकी पत्नी की पवित्रता को नष्ट कर

दिया था। उससे संभोग के दौरान वृन्द्रा को पता चला कि उसके साथ छल हुआ है और उसने विष्णु को श्राप देते हुए कहा कि 'तुम्हारी पत्नी के साथ भी ऐसा ही होगा।' यही वह श्राप था; जिसके कारण विष्णु को पृथ्वी पर पैदा होना पड़ा था।

एक अन्य स्थान पर यह कहा गया है कि तिरुमल यानी विष्णु अपनी पत्नी, जिसका नाम तिरुमगल था, के साथ दिन में यौन क्रिया में लिप्त था। उसी समय दास समुदाय का मुखिया, शिवागनम वहाँ पहुँचा। तिरुमल ने उसके आने की परवाह नहीं की और अपनी पत्नी के साथ सहवास में लगा रहा। नाराज शिवागनम दौड़ता हुआ नन्दी के पास गया और उसे बताया कि कैसे उसकी अनदेखी की गई है। इस पर नन्दी ने उसको श्राप दिया—'तिरुमल को इस जमीन पर पैदा होना होगा और उसे अपनी पत्नी का वियोग झेलना होगा।' इस तरह तिरुमल को इस धरती पर आना पड़ा।

पुनर्जन्म के ये कितने हास्यास्पद कारण हैं! अब उस परिवार के बारे में, जिसमें वह पैदा हुआ; राम के पिता दशरथ की तीन राजवंशीय स्त्रियों के अतिरिक्त साठ हजार स्त्रियाँ थीं। यह वह 'आदर्श' पिता है, जिसका पुत्र बनकर राम पैदा हुआ। यह कहा जाता है कि राम, लक्ष्मण, भरत व शत्रुघ्न यज्ञ की पैदाइश हैं। उनकी पैदाइश यज्ञ और उसमें बलि देने से हुई। अब हम यज्ञ की विशेषताओं पर ध्यान दें। यज्ञ के लिए कई तरह के पक्षियों, जानवरों, कीड़े-मकोड़ों और जंगली जानवरों को मारा जाता था। उसके बाद उन जीव-जंतुओं को यज्ञ की इस आग में पकाया जाता था (इसे पवित्र माना जाता था)। ब्राह्मण लोग उसे खाते थे। तदनंतर दशरथ की पत्नियों को उन पुरोहितों को सौंप दिया जाता है, जिन्होंने यज्ञ कराया था और इन लोगों ने उन्हें गर्भवती बनाया। रामायण के अनुवादक बंगाल निवासी पंडित मन्मथनाथ दातार लिखते हैं—'कौशल्या ने बड़ी खुशी-खुशी एक घोड़े के तीन टुकड़े कर डाले। उसने बिना किसी मनोव्यथा के उस मृत घोड़े के साथ सम्पूर्ण रात बिता दी। होता, अद्धर्यु, उक्था और अन्य पुरोहितों (रिक्विका) ने तीनों रानियों के साथ संभोग किया। और इस प्रकार दशरथ के पुत्रों की उत्पत्ति हुई।

क्या अवतार लेने का यह तरीका होना चाहिए? क्या कोई कहानी इस बेढंगे तरीके से लिखी जानी चाहिए?

दशरथ की चरित्रहीनता

मूर्खतापूर्ण उद्देश्यों एवं प्रयत्नों द्वारा राम को अयोध्या की राजगद्दी देने सम्बन्धी दशरथ की योजनाओं एवं प्रबन्धों पर यदि हम विचार करें, तो उसकी नीचता प्रकट हो जाती है। भरत को उसके नाना के यहाँ भेज दिया गया और लगभग दस वर्ष तक नहीं बुलाया गया। ऐसा इसलिए किया गया कि कहीं उसकी उपस्थिति राम के राज्याभिषेक में रोड़ा न बन जाए। इसीलिए राम को गद्दी पर बैठाने का प्रबन्ध बहुत ही जल्दबाजी में किया गया। कैकेय देश के राजा को इसके लिए कोई आमंत्रण नहीं भेजा गया। भरत को इस समारोह के बारे में नहीं बताया गया। दशरथ ने राम से अकेले में कहा—'भरत इस समय अपने नाना के घर पर है। तुम्हारे राजा बनने का यही सबसे उपयुक्त समय है। इससे पहले कि वह लौटकर आए यह समारोह पूरा हो जाना चाहिए। कल सुबह तुम्हारा राजतिलक हो जाना है। तुम्हारे मित्र तुम्हारी रक्षा करेंगे; ताकि आज रात को कोई अप्रिय घटना न होने पाए।'

राजपरिवार के सभी सदस्य और आम लोग उस कार्यक्रम को लेकर आनन्दित थे। लेकिन, कैकेयी को दशरथ ने अंधेरे में रखा; जबकि वह राम और भरत को बराबर चाहती थी। जब दशरथ के षड्यंत्र के बारे में उसको पता चला, तो उसने हठ किया कि उसके बेटे को राजा बनाया जाए और राम को जंगल में भेजा जाए। दशरथ ने उसको अंधेरे में रखने का कोई कारण और औचित्य नहीं बताया। उलटे कैकेयी के पाँवों पर गिरकर उससे अपने वचन वापस लेने के लिए गिड़गिड़ाने लगा। दशरथ ने उस पर समारोह के लिए किए गए सभी इन्तजाम को बर्बाद कर देने का आरोप लगाया।

दशरथ ने राम को गुप्त रूप से बताया कि उसकी इच्छा उसको वनवास देने की नहीं थी, बल्कि उसको सिर्फ कैकेयी को दिए गए वादे

के प्रति सच्चा दिखना था। फिर दशरथ ने राम को उकसाया कि वह उसकी आज्ञाओं को न मानकर गद्दी पर अधिकार कर सकता है। वह चाहता था कि राज्य का सभी खजाना, सेना व वेश्याएँ आदि राम के साथ वन जाएँ।

कैकेयी के साथ विवाह करते समय दशरथ ने कैकेयी को वचन दिया था कि उससे उत्पन्न पुत्र ही अयोध्या का उत्तराधिकारी होगा। अपने इस न्यायसंगत वचन का खंडन कर उसने राम को राजगद्दी देने की योजना बना डाली। 'ईमानदार व्यक्ति' राम यह जानते हुए भी कि अयोध्या पर राज करने का अधिकारी भरत है; गद्दी पर बैठने के लिए तैयार हो गया। दशरथ के गुरु वशिष्ठ, मंत्रीगण सुमंत्र आदि ने भी दशरथ की इस कपटपूर्ण योजना को अपना समर्थन दे दिया। 'राम को वनवास जाना होगा।' —अपने पिता की इस घोषणा पर लक्ष्मण ने गुस्से में कहा कि वह अपने पिता की हत्या कर देगा। कौशल्या ने भी अपने पुत्र राम से कहा कि वह अपने पिता के आदेश को न माने और अयोध्या में ही रहे।

औसत व्यक्ति से कहीं नीचे की श्रेणी के राम और सहकर्मी

रामायण में कई स्थलों पर राम और उसके सहकर्मियों को बहुत ही हीन प्रवृत्ति का मनुष्य कहा गया है।

जहाँ तक राम के 'सद्‌गुणों' का सम्बन्ध है, तो यह बताया जाता है कि वह कई निर्दोष व्यक्तियों का निर्मम हत्यारा था। उसने ताड़का का सिर्फ इसलिए वध किया, क्योंकि उसने ब्राह्मण पुरोहितों को अपने क्षेत्र में जबरदस्ती घुसकर यज्ञ नहीं करने दिया था। क्योंकि, उसके क्षेत्र में यज्ञ का प्रचलन ही नहीं था।

राम जब वनवास जा रहा था, तब उसने अपनी माँ और पत्नी से बहुत ही दुखी होकर कहा था कि जिस गद्दी पर वह बैठने वाला था, वह उसके हाथ से निकल गई है तथा उसे जंगल जाने को कह दिया गया।

जंगल में राम ने लक्ष्मण से कहा—'क्या कोई ऐसा मूर्ख बाप हो सकता है, जो अपने कर्तव्यनिष्ठ और आज्ञापालक बेटे को जंगल में भेज दे?' इस तरह गद्दी तक न पहुँच पाने की पीड़ा से ग्रस्त राम ने अपने पिता के बारे में कई निन्दनीय बातें कहीं।

जंगल में उसने उस शूर्पणखा के कान और नाक काट दिए, जो उससे प्रेम करती थी। उसने जानबूझकर यह कहते हुए लड़ाई मोल ली कि वह राक्षसों को मारने के दृढ़ निश्चय के साथ ही जंगल में आया है। सुग्रीव के लिए उसने बालि को छल और कायरतापूर्वक मार डाला; जबकि उसने उसका कोई नुकसान नहीं किया था। उसने विभीषण को यह जानते हुए भी खुशीपूर्वक गले लगाया कि वह दुष्ट और विश्वासघाती है और अपने भाई रावण का वध कर स्वयं लंका का राज्य हथियाने के कपटपूर्ण उद्देश्य से उसकी शरण में आया है। राम ने विभीषण को रावण के लंका का राजा रहते हुए ही वहाँ का राजा घोषित कर दिया था।

राम के कपटपूर्ण विचार

पूरी रामायण में राम का पाखंडी, छली, कपटी और दुष्ट चेहरा सामने आया है। वह कुछ भी कर सकता था। अपने स्वार्थ की सिद्धि के लिए वह किसी भी स्तर तक गिरने के लिए तैयार था।

जब सीता उसके साथ जंगल जा रही थी, तब उसने यह इच्छा प्रकट की थी कि सीता अयोध्या में ही रहे और भरत की इच्छानुसार कार्य करे। क्योंकि, इससे उसको काफी लाभ होगा। इस पर सीता ने गुस्से में भरकर कहा—'तुम नपुंसक हो! मैं यह नहीं जानती थी कि मेरे पिता ने एक ऐसे व्यक्ति से मेरा विवाह किया है, जो पुरुष के भेष में एक स्त्री (हिजड़ा) है। तुम एक ऐसे व्यक्ति की तरह बात कर रहे हो, जो अपनी पत्नी को दूसरों को किराए पर देकर कमाई करता है।'

यह सुनने के बाद राम पूरी तरह पलट गया। उसने कहा—'मैं तो तुम्हारे मानसिक सोच की परीक्षा ले रहा था।'

इसके बाद राम सीता को जंगल ले गया। जब भी उसको जंगल में मुश्किलों का सामना करना पड़ा, वह कैकेयी को बुरी तरह कोसता था। वह कहता था कि उसको जो तकलीफ हो रही है, उससे उसको ठंडक पहुँचती होगी। वह इस बात से कुढ़ रहा था कि वह जंगल आ गया है और उसके पिता बूढ़े हो चले हैं और भरत एक निरंकुश राजा की तरह काम करेगा। कोई उससे कुछ नहीं कहेगा।

अयोध्या का राजा बनने का बाद वह क्या करता है? वह शम्बूक की हत्या कर देता है। क्योंकि, वह शूद्र था और तपस्या कर रहा था।

इस तरह के अधम और ओछी मानसिकता वाले व्यक्ति को भला भगवान का अवतार कैसे कहा जा सकता है? धूर्त ब्राह्मणों ने इस तरह के बेईमान, नपुंसक, नालायक और चरित्रहीन व्यक्ति को भगवान बना दिया और अब हमसे इस तरह के व्यक्ति की पूजा करने के लिए कहते हैं। क्या हमें इन वाहियात बातों की जाँच नहीं करनी चाहिए?

सीता का जन्म

राम की अपनी चारित्रिक विशेषताएँ हैं। अब हम सीता की ओर अपना ध्यान मोड़ें। उसे सम्पूर्ण रामायण में एक साधारण स्त्री माना गया है। उसे एक कर्कश स्त्री कहा गया है; जिसमें ऐसे कोई गुण नहीं हैं, जो एक कुलीन, शालीन और पवित्र स्त्री में होते हैं। उसके माता-पिता पर सन्देह है। हमें नहीं पता कि उसके माता-पिता कौन हैं?

ऐसा कहा जाता है कि राजा जनक ने हल चलाते हुए उसे जमीन के नीचे पाया। उसे कलंक से बचाने के लिए यह कहा गया कि वह लक्ष्मी से अवतरित नहीं हुई है; बल्कि वह पृथ्वी पर खुद एक बालिका के रूप में प्रकट हुई।

माता-पिता के बारे में सन्देह होने के कारण, जवान हो जाने के बाद भी वह कई वर्षों तक वह कुंवारी बनी रही। जंगल में उसने यह बात बहुत दुख प्रकट करते हुए स्वयं बताई थी कि उसके जन्म के बारे में सन्देह होने

के कारण शादी योग्य हो जाने के बाद भी उसकी शादी काफी देरी से हुई। महालक्ष्मी का जन्म भी निराधार तथा हास्यास्पद है। इसके बाद भी पूरी रामायण में उसके चरित्र के विषय में कोई प्रशंसनीय बात नहीं है।

सीता का गुमान

जब निर्णय हुआ कि राम को जंगल जाना होगा, तब सीता ने कहा कि उसके विषय में भविष्य वक्ताओं ने पहले ही कहा था कि उसे भी वन में रहना होगा। इसको पूरा करने के लिए उसने भी पति के साथ जंगल जाने की इच्छा व्यक्त की। राम और लक्ष्मण ने वल्कल वस्त्र धारण किए; किन्तु सीता ने वह भेष पसन्द नहीं किया। इस पर दशरथ ने आज्ञा दी कि आवश्यक वस्त्र और आभूषण, जितने चौदह वर्ष के लिए पर्याप्त हों; सीता के प्रयोग के लिए उसके साथ भेज दिए जाएँ। उसने अति प्रसन्नतापूर्वक उन्हें पहना और अपने आपको सुन्दरतापूर्वक सुसज्जित किया। उसका पति वल्कल वस्त्र में! उसकी प्रिय और प्यारी पत्नी राजसी भेष में! इस तरह वे वन की ओर चले।

वन गमन के समय वशिष्ठ, सुमंत्र और अन्य लोगों ने सीता के जंगल जाने का विरोध किया। क्योंकि, दशरथ ने तो सिर्फ राम को जंगल जाने को कहा था; सीता को नहीं। लेकिन, कैकेयी इस पर राजी नहीं हुई और सीता को भी अपने पति के साथ जाना पड़ा। तथाकथित आदर्श और पवित्र स्त्री सीता की गतिविधि यहीं नहीं रुकी।

राम की माँ और सीता की सास ने गहनों के प्रति सीता के भारी ललक को देखते हुए उसे यह कहते हुए डांटा था—'अपने पति के प्यार के लायक बनो और मूर्खता नहीं करो।' इस पर उसने अपनी सास को उत्तर दिया—'मुझे सब पता है। मुझे आपसे कुछ सीखने के जरूरत नहीं है।' जब राम ने चाहा कि सीता भरत के साथ रहे और कहा—'तुम भारत के साथ रहो।' तो उसने पलटकर जवाब दिया कि वह उस भरत के साथ नहीं रह सकती, जो उसका तिरस्कार करता है।

जंगल में जब भी उन्हें कोई तकलीफ हुई या मुश्किलों के आने की आशंका होती, वे कैकेयी को बुरी तरह कोसते थे।

सीता : इतनी कर्कशा कि 'कर्कशा' भी कांप जाए

जब राम ने हिरन का पीछा किया और जब उसने मरते हुए तड़पकर पुकारा—'सीता! लक्ष्मण!' तो सीता ने लक्ष्मण से अनुनय किया। उससे राम की मदद के लिए जाने को कहा। लक्ष्मण ने उससे कहा—'उसके भाई को कोई खतरा नहीं हो सकता है।' इस पर वह ग़ुस्से से उबल पड़ी और लक्ष्मण पर आरोप लगाते हुए बोली—'क्या राम के मर जाने पर तुम मुझको पाना चाहते हो? क्या तुम जंगल यही सब सोचकर आए हो? मैं जानती हूँ कि तुमने और भरत ने मुझ पर डोरे डालने का षड्यंत्र रचा है।'

यह सुनकर लक्ष्मण सन्न रह गया और हाथ जोड़कर विनम्रता से बोला—'हे मां! मैंने तुम्हारे पांव के अतिरिक्त तुमको और कहीं नहीं देखा है। कृपा कर इस तरह की बातें न कहो।' सीता की इस पर प्रतिक्रिया कैसी थी? उसने उससे कहा—'इस तरह कहकर क्या तुम मुझे देखने का आनन्द उठाने के लिए और समय माँगना चाहते हो?'

एक देवी के अवतार के मुंह से निकलने वाले शब्दों को देखिए, जिसे जगत-जननी या दुनिया की माँ कहा जाता है! कोई कितना भी कर्कश हो, इस तरह बोलने से डरेगा। पर सीता ने यह सब कुछ कहा। इस तरह की कर्कशा को सर्वव्यापी और सर्वज्ञ व्यक्ति की पत्नी माना जाता है। ऐसा कहा जाता है कि वह इस पृथ्वी पर लोगों को नैतिकता और एक अनुकरणीय जीवन जीने का पाठ पढ़ाने आई थी। सीता के जीवन की 'महानता' यहीं खत्म नहीं होती! अभी बहुत कुछ बाकी है।

रावण द्वारा सीता के अंग-प्रत्यंग का सौन्दर्य बखान

सीता रावण को भोजन भी परोसती थी।

सीता की तुच्छता पर कुपित और उसमें किसी भी तरह के शिष्टाचार, विनम्रता और गरिमा का अभाव देख लक्ष्मण ने उससे मुख मोड़ लिया था। तुरन्त, मानो जैसे यह पूर्व नियोजित हो; दृश्य में संन्यासी के वेश में रावण का अवतरण होता है। सीता गर्मजोशी से उसका स्वागत करती है। इस पर रावण सीता की आंखों, दांतों, चेहरे तथा जंघाओं की प्रशंसा करने लगा। उसने सीता के स्तन की तुलना नारियल से की। वह सीता के शरीर की प्रशंसा करता हुआ कहने लगा—'मैं ज्यों-ज्यों तुम्हारे अंग-प्रत्यंगों को देखता हूँ, त्यों-त्यों अपने आपको सँभालने में असमर्थ हो जाता हूँ। तुम्हारी सुन्दरता मेरे हृदय को घायल कर रही है; जैसे नदी की लहरें उसके किनारों को खरोंच डालती हैं।'

इस प्रकार वह सीता के एक-एक अंग की प्रशंसा करता रहा। यदि सीता वास्तव में आदर्श चरित्र वाली स्त्री होती, जिसका सभी को अनुकरण करना चाहिए था; तो वह उस स्थिति में क्या करती? क्या कोई मनुष्य हमारी स्त्रियों से इस प्रकार की बेहूदा बातें कर सकता है? और यदि वह ऐसा करता भी, तो क्या वह बच जाता? किन्तु सीता ने क्या किया? रावण से अपनी सुन्दरता का बखान सुनकर निहाल सीता रावण को खाना परोसती रही।

सीता का अपनी उम्र के बारे में झूठ बोलना, कहना कि वह अभी किशोरी ही है—

रावण को भोजन कराने के बाद सीता ने रावण को बताया कि वह जनक की बेटी और राम की पत्नी है...वगैरह-वगैरह। उसने रावण को अपनी वास्तविक से कम उम्र बताई। जब वह रावण से बात कर रही थी, उस समय जंगल में आए उसे 13 साल हो चुके थे। उसने रावण को बताया कि शादी के बाद वह अयोध्या में 12 साल तक रही। पर इसके बावजूद यह कहा कि जब वह जंगल आई, तो उस समय सिर्फ 18 साल की थी। यह कैसे हो सकता है? अपनी शादी के बाद वह 12 साल तक अयोध्या में थी। उसने खुद कहा

है कि उसे पिता के घर शादी योग्य होने के बाद भी वर्षों तक अविवाहित रहना पड़ा? ऐसा कहा गया है कि रावण से सीता ने कहा कि उसकी शादी छः साल की उम्र में हो जानी चाहिए थी। क्या वह छः साल की उम्र में विवाह के लायक हो सकती थी? इसे देखते हुए क्या ऐसा हो सकता है कि छः वर्ष की उम्र में विवाह लायक होने के बाद काफी लम्बे समय तक अपने पिता के घर में अविवाहित ही रही? उसने इस तरह के बातें क्यों कीं? सिर्फ इसलिए कि उसकी ज्यादा उम्र के बारे में पता नहीं चले। उस समय वह 45 से ऊपर की रही होगी। चूँकि उसने खुद कहा है कि शादी के योग्य होने के बाद काफी वर्षों तक वह अविवाहित ही रही, तो माना जा सकता है कि शादी के समय वह 20 साल की रही होगी। (12 साल अयोध्या में रही और 13 साल जंगल में और शादी के समय वह 20 साल की थी। तो इस तरह उसकी उम्र 45 साल रही होगी, उस समय)।

लक्ष्मण इस बात की पुष्टि करता है। वह कहता है कि सीता एक ढलती उम्र की महिला थी; जिसका पेट बाहर निकला था। यह उसने कब कहा? शूर्पणखा राम से प्यार करती थी और उससे शादी करना चाहती थी। राम ने कहा कि वह शादीशुदा है और उसकी पत्नी है और उसे लक्ष्मण के पास जाना चाहिए; जो अविवाहित है। इसी के अनुसार वह लक्ष्मण के पास गई। पर लक्ष्मण ने उससे यह कहते हुए शादी से मना कर दिया कि वह तो दास है और उसने उसको दोबारा राम के पास यह कहते हुए भेज दिया कि उसकी पत्नी उम्रदराज है और उसका पेट बाहर निकला हुआ है। चाहे जो हो, जब रावण सीता से मिला; वह काफी अधिक उम्र की थी। पर सवाल उठता है कि जब रावण खुश होकर उसकी सुन्दरता का वर्णन कर रहा था, तब सीता को अपनी उम्र के बारे में झूठ बोलने की क्या जरूरत थी?

जरा इस पर गौर कीजिए! क्या आप इसे किसी पवित्र और देवी समझी जाने वाली महिला की कहानी कह सकते हैं? तो फिर हुआ क्या? इसके बाद उसने सीता से कहा कि वह रावण है और उसे उसके साथ लंका चलने का आग्रह किया। पर उसने मना कर दिया। रावण ने एक हाथ से उसके केश पकड़े और दूसरे हाथ से उसकी जांघ को और उसे

अपनी जांघ पर बिठा लिया और लंका ले आया। उसने शोर मचाया; कुल मिलाकर यही कहानी है।

मेरा भौतिक शरीर कहीं है, पर मन तुम्हारे साथ

इस कहानी की दूसरी ध्यान देने योग्य बात यह है कि रावण को दो श्राप दिए गए थे। पहला यह कि यदि वह किसी स्त्री को बिना उसकी अनुमति के छुएगा, तो वह भस्म हो जाएगा। दूसरा यह कि उसके हृदय में किसी स्त्री के प्रति कुविचार उत्पन्न होते ही उसके सिर के हजार टुकड़े हो जाएँगे।

इस बात को ध्यान में रखते हुए तमिल कवि कम्बन लिखते हैं कि 'रावण सीता को बिना अपने हाथों से स्पर्श किए जिस स्थान पर वह खड़ी थी, उस जमीन के साथ उसे ले गया।' इन श्रापों को मानने को लेकर जो दूसरी कहानी कही जाती है, वह यह है कि रावण ने वास्तविक सीता को अपने साथ नहीं लाया; वह उसके छद्म तस्वीर को लेकर लंका लौटा आया। इस बारे में तीसरी कहानी यह है कि वह सिर्फ सीता की छाया लेकर लौटा। पर वाल्मीकि ने जो लिखा है, उसमें यह स्पष्ट कहा गया है कि रावण ने उसके शरीर को छुआ और उसको अपने गोद में बिठाकर लंका लाया।

यदि इन श्रापों में कोई शक्ति होती, तो सीता को ले जाते हुए रावण का शरीर मिट्टी में मिल जाता। पर, ऐसा कुछ भी नहीं हुआ। वह सुरक्षित लंका पहुँचा और उसे अपना राजमहल दिखाया। यहाँ भी उसके साथ कुछ भी अनर्थ नहीं हुआ। तो फिर इसका क्या मतलब है?

कलकत्ता विश्वविद्यालय के सदस्य तथा बंगाली इतिहास के अनुसंधान के प्रतिष्ठित शोधकर्ता विद्वान राय साहब दिनेशचन्द्र सेन 'बी.ए.', इस पर यह लिखते हैं—'मेरा यह निष्कर्ष है कि इस बात का कोई प्रमाण नहीं है कि रावण सीता को जबरदस्ती उठाकर ले गया। मेरे इस निष्कर्ष पर कट्टरपंथी लोग भड़केंगे; पर मैं अपना विचार नहीं बदलूँगा। अगर आप

साहित्यिक सुन्दरता से परदा हटाएँगे, तो आपको इसके अन्दर इसका ढाँचा मात्र दिखाई देगा।'

उसके साथ लंका में रहते हुए रावण ने कहा—'अरे सीता! लज्जित होने की जरूरत नहीं है। हमारा मिलन दैवी इच्छा से सम्भव हुआ है। ऋषियों ने भी इसका स्वागत किया है।' सीता ने इसके जवाब में कहा—'तुम जैसा चाहो मेरे शरीर का प्रयोग कर सकते हो। मैं अपने शरीर की परवाह नहीं करती।' रावण के मारे जाने के बाद जब राम सीता के साथ लौट रहा था, तो राम ने उससे कहा—'तुम इतने समय तक रावण की कैद में रहीं। क्या उसने तुम्हें बिना स्पर्श किए छोड़ा होगा और तुमसे सम्बन्ध नहीं बनाया होगा, ऐसा हो सकता है?' उसने उत्तर दिया—'मैं क्या कर सकती थी? मैं अकेली थी और तिस पर भी एक औरत! वह ताकतवर था। कुछ भी मेरी मर्जी से नहीं हुआ। मेरा मन, उस समय भी और अभी भी; तुम्हारे साथ है।' उसने उस बात का जवाब नहीं दिया, जो उससे पूछी गई थी। वह इधर-उधर की बात करती रही। 'अपने शरीर पर मेरा कोई अधिकार नहीं था; पर मेरा मन पवित्र है। इस बात का आश्वासन मैं तुमको दे सकती हूँ।' उसने इस तरह की बातों से उसके सवालों का उत्तर दिया।

अन्त में घर वापस आने पर जब राम ने उसको अपनी पवित्रता की परीक्षा देने को कहा—तो उसने उसकी बात नहीं मानी; वह धरती में समा गई। एक तरह से उसने आत्महत्या कर ली।

राम के अनुचर निन्दनीय हैं

जहाँ तक सीता के पति राम की बात है; वह पाखंडी, कपटी, विश्वासघाती और बेईमान था। उसका देवर लक्ष्मण आतताई था। उसने अपने पिता को जान से मार देने की ठान ली थी। राम का भाई लक्ष्मण उपद्रवी व प्रजा-पीड़क था और अपने पिता की हत्या तक करने को तैयार था। वह ऐसा लंपट था, जिसे गद्दी प्राप्त करने के लिए कुछ भी करने में कोई हिचक नहीं थी। साठ हजार साल की उम्र के बाद भी उसका बाप कामुक था। उसने अपने

पुत्रों को समान रूप से प्यार न करते हुए एक को प्यार किया तथा दूसरे से घृणा की। राम की माँ ने अपने पति की परवाह नहीं की। सुमित्रा ने भी ऐसा ही किया। दशरथ मर गया था और कौशल्या और सुमित्रा, जो उसके सर्वाधिक नजदीक थी; सो रही थीं। आसपास के लोगों का विलाप सुनकर उनकी नींद टूटी। यह साबित करता है कि अपने ही पति के प्रति उनका व्यवहार अच्छा नहीं था।

सुग्रीव और विभीषण, जिनके साथ राम ने दोस्ती की; वे विश्वासघाती व आलसी थे। जिन्होंने गद्दी पर कब्जा करने के लिए अपने भाइयों से धोखा किया। राम की सम्पूर्ण मंडली ही धूर्तों की मंडली थी। लेकिन, फिर भी उन्हें देवताओं का दर्जा मिला! पर इस कथा के अनुरूप इन तथाकथित दैवी लोगों की प्रशंसा हो रही है और यह कहा जा रहा है कि वे बहुत ही ईमानदार और सभ्य लोग थे।

रावण की महानता

रावण की वीरता की प्रशंसा हर जगह की गई है। हनुमान ने खुद उसके महल की सुन्दरता और भव्यता का वर्णन किया है। अपने जनानाखाने में सर्वाधिक सुन्दर महिलाओं के बीच सो रहे रावण को आकाशगंगा का सर्वाधिक चमकता हुआ तारा बताया। उसने कहा है कि ये सभी महिलाएँ उसके रूप, बुद्धि और वीरता से आकर्षित होकर स्वेच्छा से उसके पास आई थीं और इनमें से किसी को भी जबरदस्ती वहाँ नहीं लाया गया था। उसको (हनुमान को) अपने मन में यह कहते हुए भी बताया गया है कि अगर सीता को शादी से पहले लंका लाया जाता, बेहतर होता।

वाल्मीकि ने कई स्थलों पर रावण की प्रशंसा के पुल बाँधे हैं। उसने लिखा है कि वह एक बहुत बड़ा विद्वान, घोर तपस्या करने वाला, वेदों को जानने वाला, अपनी प्रजा का खयाल रखने वाला, बहादुर सिपाही, बहुत ही शक्तिशाली व हृष्ट-पुष्ट, निष्कपट भक्त, ईश्वर का कृपापात्र और कई तरह के वरदान प्राप्त करने वाला व्यक्ति था। रावण को कहीं भी राम की तरह

कमतर (षड्यंत्रकारी और नमकहराम तथा नपुंसक जैसे) शब्दों से नहीं नवाजा गया है। जिस प्रकार राम ने शूर्पणखा का अंग-भंग कर उसका रूप बिगाड़ दिया था, उसी प्रकार का व्यवहार रावण भी सीता के साथ कर सकता था। पर, बदले की भावना से उसने ऐसा करने की बात सोची भी नहीं। उसने सीता को अशोक वाटिका में अपनी भतीजी (भाई की बेटी) के संरक्षण में रखा। वह बहुत भला और सज्जन पुरुष था। वाल्मीकि ने कहा है कि जहाँ कहीं रावण ब्राह्मणों को यज्ञ करते हुए या सोमरस पीते हुए देखता था; वह उनसे घृणा करता था।

इस तरह के सज्जन रावण और उसके लोगों को सिर्फ इसलिए क्रूर राक्षस कहा गया, क्योंकि वे ब्राह्मणों के दुश्मन थे।

रामायण, जैसा वाल्मीकि ने लिखा है :

रामायण की कथा कदापि सत्य नहीं हो सकती है। शंकराचार्यों, बुद्धिमानों और धर्माधिकारियों ने यही विचार व्यक्त किए हैं। यही विचार कई धर्म धुरंधरों तथा बुद्धिमानों द्वारा व्यक्त किए गए हैं।

दूसरा वाल्मीकि ने स्वयं कहा है कि राम न तो ईश्वर था, न उसमें कोई स्वर्गीय शक्ति थी।

ऐसी स्थिति में भी हिन्दू रामायण को पवित्र कथा मानते हैं तथा उसमें वर्णित पात्रों को महत्त्वपूर्ण समझकर उनका सम्मान करते हैं।

ऐसा क्यों? ऐसा इसलिए सम्भव हुआ; क्योंकि ब्राह्मणों ने इसके पक्ष में काफी अधिक प्रचार किया। जबकि गैर-ब्राह्मणों में बुद्धि और आत्मसम्मान की कमी थी। कुछ भी हो, हमें रामायण में निम्नांकित बातों का पुनर्निरीक्षण करना चाहिए—

क्या राम दैवी शक्ति है या वह साधारण मनुष्यों से ऊपर है?

क्या राम ईमानदार है?

क्या वह वीर योद्धा है?

क्या राम बुद्धिमान है?

क्या वह जातीय भेदभावों से ऊपर है?

क्या सीता सच्चरित्र है?

क्या सीता में साधारण स्त्रियों के साधारणतम गुण मौजूद हैं?

क्या रावण दुष्ट है?

क्या रावण सीता को हर ले गया?

क्या रावण सीता को बहका ले गया और उसका सतीत्व भंग किया?

भागवत में विष्णु के जिन अवतारों का वैष्णवों के लिए वर्णन किया गया है, उसमें राम का वर्णन 'राक्षस' रावण के वध के लिए आया है।

विष्णु के अवतार

उसके नौ अवतार हैं : 1. मत्स्य अवतार 2. कच्छप अवतार 3. कूर्मावतार 4. गंगा अवतार 5. वामन अवतार 6. परशुराम अवतार 7. राम अवतार 8. कृष्ण अवतार 9. बलराम अवतार।

कहा जाता है कि इन सभी नौ अवतारों का उद्देश्य ब्राह्मणों की ओर से उनके दुश्मन द्रविड़ राजाओं (राक्षसों) को मारना है। इन नौ अवतारों में से ब्राह्मणों ने राम के अवतार को अपनी रामायण की कल्पित कथा का आधार बनाया है। रामायण की यह कथा नम्बियांदर नंबी तथा दूसरे शैव संतों पर आधारित पेरियापुराणम के अनुरूप ही है।

शैवों ने ईश्वर भक्ति से प्रेरित होकर 'लीलामृतम' के अनुरूप पेरिया पुराणम की रचना की; जिसमें वैष्णव संतों की कहानी है, जो कि उस समय मौजूद थे।

किन्तु, रामायण की कथा शैव संतों के कंड पुराण से ली गई है। दोनों में सिर्फ नामों का ही अन्तर है। रामायण की रचना द्रविड़ों (राक्षसों) के खिलाफ ज्यादा घृणा पैदा करने के लिए की गई है। इतनी घृणा कंड पुराण में प्रदर्शित नहीं की गई है।

रामायण से काफी पहले कंड पुराण की रचना हुई और इसलिए इसे एक ही व्यक्ति ने लिखा है।

चूँकि, रामायण बहुत बाद में अलग-अलग समय में अलग-अलग व्यक्तियों द्वारा लिखी गई; इसलिए उसकी कहानी में ही कई जगह विरोधाभास हैं। रामायण के प्रमुख पात्र राम और सीता के बारे में जो वर्णन किया गया है; उसके हिसाब से उन्हें बहुत ही नीच चरित्र का दिखाया गया है।

राम के जीवन का इतिहास पाँच वर्ष के बालक के रूप में ताड़का के वध से शुरू होता है और उसकी शादी छह साल की उम्र में हो जाती है।

उपरोक्त दो घटनाओं के कारण राम को सामने लाने का कोई कारण नहीं था। जब राम 18 वर्ष का था, तब उसके पिता दशरथ ने उसे अयोध्या का राजा बनाने के लिए उसके साथ मिलकर षड्यंत्र किया। जबकि, दोनों भलीभाँति जानते थे कि अयोध्या पर सिर्फ कैकेयी और उसके बेटे भरत का अधिकार है; जो कि उसके उत्तराधिकारी थे। क्योंकि, दशरथ ने कैकेयी को इसके बारे में वचन दिया था।

हमें यहाँ दशरथ के षड्यंत्र से कोई लेना-देना नहीं है। क्योंकि, दशरथ न तो उत्तम व्यक्तित्वयुक्त था और न ही कोई सैद्धान्तिक पुरुष। यहाँ हमारा सिर्फ इस बात से सम्बन्ध है कि राम को चारित्रिक दोषों से सर्वथा मुक्त माना गया है; और ऐसे प्रस्तुत किया गया है कि प्रत्येक व्यक्ति उसे एक सत्यवादी और वीर योद्धा माने। लेकिन, राम को सत्यवादी और वीर योद्धा क्यों माना जाए? धर्माधिकारियों, राम और राम-भक्तों सहित अब तक किसी भी व्यक्ति ने इस समस्या का सन्तोषपूर्ण समाधान नहीं किया है।

यहाँ तक कि श्री सी. राजागोपालाचार्य ने अंग्रेजी पुस्तक 'एम्परर्ज सन' नामक पुस्तक में उपरोक्त दोषों का सन्तोषपूर्ण स्पष्टीकरण नहीं दिया है।

अब हम सीता की ओर रुख करें। सीता का जन्म ही प्रश्न के घेरे में है। उसके माता-पिता का पता नहीं है; और वह जंगल में पाई गई। इसके बारे में भी कई तरह की बातें प्रचलित हैं।

वाल्मीकि के अनुसार सीता ने स्वयं स्वीकार किया है—'जैसे ही मैं पैदा हुई, मुझे जंगल में फेंक दिया गया। राजा जनक को मैं मिली। वही मुझे उठाकर लाए और मेरा लालन-पालन किया। जब मैं रजस्वला हुई, तब कोई भी राजकुमार मुझसे शादी करने को इसलिए राजी नहीं हो रहा था; क्योंकि मेरे जन्म के साथ यह कलंक जुड़ा हुआ था।' जब जनक को सीता के लिए उपयुक्त वर नहीं मिला, तो उसने अपने मित्र विश्वामित्र को सीता के लिए उपयुक्त वर की तलाश में मदद करने को कहा। विश्वामित्र इस पाँच साल के बालक राम को जनक के पास लेकर आया और उसकी सीता से शादी करा दी। जो उस समय कम-से-कम 25 साल की थी और उसने इस बेमेल विवाह के बारे में अपना मुंह तक नहीं खोला।

एक अन्य रामायण (वाल्मीकि रामायण नहीं) में यह कहा गया है कि राजा जनक की पत्नी विवाह से पहले विवाह स्थल पर आईं और वहाँ मौजूद लोगों से मुखातिब होकर जोर से चिल्लाईं—'महानुभावो! आज आप यहाँ जमा हुए हैं। आप सब लोग इस अन्यायपूर्ण समारोह को अपने सामने होते हुए कैसे देख रहे हैं?' दुल्हन के अयोध्या पहुँचने पर भरत ने सीता को नापसन्द किया। वाल्मीकि के अनुसार, यह बात खुद सीता ने बताई थी।

जब राम ने जंगल जाने से पहले सीता को अयोध्या में ही रहने को और भरत को खुश रखने को कहा, तो सीता ने बहुत असम्मानजनक और अपमानजनक तरीक़े से कहा—'मैं क्या करूँ? भरत मुझे पसन्द नहीं करता। मैं उसके साथ कैसे रह सकती हूँ।' सीता के इन विचारों के अलावा वाल्मीकि ने भी सीता की ओर से जो कहा है वह इस प्रकार से है—'हे राम! तुम वीर योद्धा नहीं। तुम नपुंसक हो; तुम चाहते हो कि मैं भरत के साथ व्यभिचार करूँ; जैसे कि मैं कोई वेश्या हूँ। ताकि, तुम अयोध्या का राजा बनने का लाभ उठा सको।' उस समय राम सत्रह वर्ष का था।

वाल्मीकि ने कौशल्या के मुंह से जो वर्णन किया है, वह इस तरह से है—मतलब जब राम जंगल जाने से पहले अपनी माँ कौशल्या से आज्ञा

लेने गया; तब कौशल्या ने कहा—'तुम्हारे पिता और मेरे पति दशरथ और कैकेयी ने मेरे साथ बहुत ही अपमानजनक व्यवहार किया है। मैंने इन 17 साल में बहुत बर्दाश्त किया है। पर, तुम्हारे लिए मैं अपनी जान भी दे सकती हूँ।' इससे हमें यह पता चलता है कि उस समय राम 17 साल का था।

जब विश्वामित्र ने दशरथ से अपने बड़े बेटे राम को ताड़का का वध करने के लिए उसके साथ जंगलों में भेजने का निवेदन किया, तो दशरथ ने उसे यह उत्तर दिया—'हे ऋषि! मेरी गोद में खेलता हुआ राम अभी शिशु है। अभी उसका मुंडन-संस्कार भी नहीं हुआ। इतने छोटे शिशु को मैं युद्ध के लिए कैसे भेज दूं?' इससे स्पष्ट है कि विवाह के समय राम केवल पाँच वर्ष का था।

इस तरह यह स्पष्ट है कि सीता, जो उस समय पूरी तरह जवान थी, राम जैसे छोटे बच्चे के साथ शादी करने को राजी हो गई; जो उस समय सिर्फ पाँच साल का ही था। इसीलिए वह अपने पति राम से हमेशा ही असम्मानजनक व्यवहार करती थीं।

फिर, वनवास जाने के पहले जब राम ने सीता से बहुमूल्य वस्त्र तथा आभूषण त्यागने एवं तपस्वी के समान वल्कल चीर धारण करने को कहा, तब उसने अस्वीकार कर दिया। तब उसकी सास कैकेयी ने राम को तापस भेष में देखकर अपनी बहू सीता से पहले से पहने हुए बहुमूल्य वस्त्र तथा आभूषणों के ऊपर तापसोचित वस्त्र पहन लेने को कहा।

जब राम ने शिकार करने के लिए कपटी हिरन का पीछा किया और उसे मार डाला तो मरने से पहले हिरण 'हे लक्ष्मण! हे लक्ष्मण!' चिल्लाया। तब सीता ने लक्ष्मण को सम्बोधित करते हुए कहा—'मुझे ऐसा लगता है कि राम पर कोई खतरा उत्पन्न हो गया है। शीघ्र जाओ और देखो क्या बात है।' इस पर लक्ष्मण ने उसे उत्तर दिया—'हे माता! यह उसी कपटी हिरन की आवाज है। चिन्ता न करो; राम को कोई नुकसान नहीं पहुँचा सकता। वह बहुत शक्तिशाली है। उसने हिरन को मार डाला होगा और वही हिरन इस प्रकार चिल्ला रहा है। तुम्हें चिन्ता करने की जरूरत नहीं है।' लक्ष्मण ने अपनी शक्ति तथा योग्यतानुसार सीता को समझाया। किन्तु वह सन्तुष्ट

नहीं हुई। इसके बाद सीता ने कहा—'अरे पापी! क्या तू समझता है कि राम की मृत्यु के पश्चात् तू मेरे साथ आनन्द ले सकता है? क्या भरत ने इसी उद्देश्य से तुझे मेरे साथ वन में भेजा है कि भरत और तू स्वयं मेरे साथ भोग-विलास कर सको?' यह सुनकर लक्ष्मण शीघ्र ही राम की सहायता करने चला गया।

जब हम सीता के बारे में कुछ बताते हैं, तो इसका अर्थ यह कतई नहीं है कि ऐसा हम सीता का अपमान करने की दृष्टि से करते हैं। पाठकों को यह ध्यान रखना चाहिए; ऐसा मैं जोर देकर कहता हूँ।

हम सीता के वजूद को कभी स्वीकार नहीं करते हैं, विशेषकर जैसा रामायण में बताया गया है। हम सीता के अस्तित्व को काल्पनिक मानते हैं। यही नहीं, यह कल्पना भी मूर्खता पर आधारित है। रामायण लेखक ने सीता को कहीं भी एक पवित्र स्त्री, वीरांगना अथवा संवेदनशील स्त्री के रूप में प्रस्तुत नहीं किया है। न ही कम से कम ऐसी स्त्री के रूप में प्रस्तुत किया है, जो खुद के चरित्र को बचाने की कोशिश कर रही हो। ऐसा कुछ बताने की जहमत लेखक ने नहीं उठाई है। उलटे जानबूझकर यह बताया गया है कि वह चरित्रहीन है। इसके अलावा यह कि रामायण न केवल एक कपोल कल्पना है, बल्कि यह काल्पनिकता और असम्भव परिस्थितियों पर आधारित है।

रामायण में सीता का वर्णन साधारण स्त्री के रूप में किया गया है। रामायण के अनुसार, जन्म के समय एक शिशु के रूप में जनक को जंगल में मिलने से लेकर, पृथ्वी के गर्भ में समाकर आत्महत्या करने तक हम उसमें सामान्य गुण ही पाते हैं। हमें उसमें किसी भी तरह के देवत्व या विशिष्ट मानुषी का दर्शन नहीं होता है। कुल मिलाकर रामायण की सीता एक साधारण स्त्री है। वह जलती आग में प्रविष्ट हो गई। यह सुनकर लगता है कि वह असाधारण स्त्री थी। पर हमें इसमें कोई आश्चर्य नहीं लगता; क्योंकि हम आज भी वेश्याओं को मन्दिर में होने वाले समारोहों में आग पर चलते हुए देखते हैं। न केवल वेश्याएँ ऐसा करती हैं, बल्कि धूर्त और फरेबी लोग आग पर चलने का काम आज भी करते हैं।

हम यदि वाल्मीकि रामायण का सतर्कतापूर्वक अध्ययन करें, तो हम उस समय सीता को तीन मास की गर्भवती पाते हैं। अब हम इसकी व्याख्या करेंगे कि वह तीन मास की गर्भवती कैसे थी? सीता की अग्नि-परीक्षा का कार्य समाप्त होते ही राम सीता को अयोध्या ले गया। एक मास तक अयोध्या पर राज्य कर चुकने के पश्चात् एक दिन राम और सीता दोनों प्रेमी-प्रेमिका की भाँति एक पुष्प वाटिका में बैठे हुए आनन्द से समय बिता रहे थे कि अचानक राम की नजर सीता के उभरे हुए पेट पर पड़ी। राम ने तुरन्त सीता से पूछा कि, 'तुम्हारा पेट इतना बड़ा क्यों हैं?' इस पर सीता ने कहा कि 'उसके पेट में चार-पाँच मास का गर्भ है।'

यह सुनकर चिन्तित और दुखी राम तुरन्त से उठकर चला गया और उसे जंगल में छोड़ देने पर विचार करने लगा। जला-बुझा राम वहाँ से उठकर अपने महल के सामने के आंगन में जाकर बैठ गया। महल के बहुरूपियों ने राम को इस अवस्था में देखकर कुछ मजाकिया बातें कहकर राम की मनोदशा को बदलने की कोशिश की। पर राम का मन वैसा ही उदास बना रहा। उसके भाइयों को पता चला, तो उन्होंने राम से उसकी उदासी के बारे में पूछना शुरू कर दिया। बदले में राम ने अपने भाइयों से पूछा कि इस राज्य की प्रजा सीता के बारे में क्या सोचती है? उसके भाइयों ने बताया कि लोग मानते हैं कि सीता के साथ रहकर राम अपमानित हो रहा है। राम ने तुरन्त अपने भाई लक्ष्मण को बुलाया और उसे सीता को अगली सुबह जंगल में छोड़ आने को कहा।

आदेश का पालन करते हुए लक्ष्मण सीता को जंगल में छोड़ आया और अपने देश में निन्दा के डर से सीता को जंगल में छोड़ने के लिए राम की आलोचना की। पर, सीता ने कहा कि उसका राम की आलोचना करना उचित नहीं है। क्योंकि, वह पाँच महीने का गर्भ लेकर जी रही है और यह सब उसके कर्मों का फल है। उसने लक्ष्मण को अपना पेट भी दिखाया।

इसलिए हम यह नहीं कह सकते कि जो महिलाएँ आग पर चलती हैं, वे पवित्र और दैवी शक्तियों से लैस होती हैं। इस तरह सीता महज एक साधारण स्त्री है। इसलिए सीता जैसी कोई साधारण स्त्री अगर वह स्वस्थ है,

तो 100 वर्षों या 10-20 साल अधिक जिन्दा रह सकती है। पर हम रामायण में पढ़ते हैं कि सीता हजारों वर्षों तक जिन्दा रही। अब हम यह कल्पना करें कि राम 10 हजार वर्ष तक जिन्दा रहा। पर हम इस बात को नहीं समझ रहे कि कैसे इस तरह की सीता राम के साथ इतने वर्षों तक जिन्दा रह सकती है? सीता को इतने लम्बे समय तक जिन्दा रहने का वरदान किसने दिया था? रामायण में हमें इन प्रश्नों का कोई उपयुक्त उत्तर नहीं मिलता है।

इन बातों को छोड़कर अब हम रामायण के उस अंश पर विचार करेंगे, जो सीता व रावण से सम्बन्धित है। वहाँ हम देखते हैं कि सीता में पवित्र स्त्री का कोई गुण नहीं था।

यदि हम रावण पर सीता को बहलाने-फुसलाने के आरोप की जाँच का काम एक सीआईडी अधिकारी को सौंप दें और उससे कहें कि वह सच का पता लगाए और इस जाँच की रिपोर्ट को एक निष्पक्ष न्यायाधीश के समक्ष निर्णय के लिए प्रस्तुत किया जाए और यदि राम को अभियोगी तथा रावण को अभियुक्त समझकर राम के मामले की सुनवाई की जाए, तो भी हमें पूर्ण विश्वास है कि न्यायाधीश रावण के पक्ष में ही अपना निर्णय देगा और कहेगा कि रावण निर्दोष तथा निष्कलंक है, उसको अनावश्यक तरीके से बदनाम किया गया।

फिर, अगर कोई शिकारी किसी शेर को प्रलोभन देकर उसे फँसाने के उद्देश्य से एक मोटे-ताजे हिरन को किसी पिंजड़े में बन्द करके पिंजड़े को जंगल में रख दे और यदि शेर पिंजड़े के अन्दर घुस आए और पिंजड़ा बन्द हो जाए, तो देखने में यही लगेगा कि शेर स्वेच्छापूर्वक पिंजड़े में घुसा। खुफिया विभाग सीआईडी की उपरोक्त रिपोर्ट ऐसी ही होगी।

महाकाव्यों पर नेहरू की राय

(15-12-1954 को 'द मेल' में छपी राय का अंश)

प्रधानमंत्री (जवाहरलाल नेहरू) ने तमिलनाडु में रामायण के बारे में की जा रही पैरोडी के बारे में कहा कि दक्षिण में चल रहे इस आन्दोलन

को इस अर्थ में देखा जाना चाहिए कि उन्हें इस बात का डर है कि उत्तर के लोग उन पर अत्याचार कर सकते हैं। उनका यह डर मात्र भाषा के क्षेत्र तक सीमित नहीं है, बल्कि अन्य क्षेत्रों में भी व्याप्त है। उनकी इस भावना को ठीक से समझने की जरूरत है। हिन्दी के वे समर्थक, जिन्होंने इसकी अनदेखी की है; वे कहीं से भी हिन्दी का भला नहीं कर रहे हैं और न कुल मिलाकर वे देश का ही भला कर रहे हैं।

नेहरू ने कहा—'अगर हम कोई गलत कदम उठाते हैं, तो हमारी मुश्किलें बढ़ेंगी। भावनाओं का बहुत ही गहरा प्रभाव पड़ता है और जब उत्पीड़न के भय की भावना को भड़काया जाता है, तो इसके परिणाम बहुत ही बुरे होते हैं।'

नेहरू ने तमिलनाडु में रामायण की नाटकीय पैरोडी की चर्चा की और कहा—'हमें यह पता करना चाहिए कि इस सबके पीछे क्या कारण है? उदाहरण के लिए रामायण की यह पैरोडी हमें बताना चाहती है कि उत्तर के लोगों ने उन्हें सिर्फ वर्तमान में ही उत्पीड़ित नहीं किया है, बल्कि हजारों साल से वे ऐसा करते आ रहे हैं; और यह कि अगर उन्हें यह मौका आज भी मिले, तो वे पुन: ऐसा करने से बाज नहीं आएँगे।'

महाभारत की कहानी

उड़ीसा में उन्होंने जो देखा, उससे उन्हें दुख पहुँचा।

नेहरू ने आगे कहा—'दो दिन पहले मैं उड़ीसा में था। वहाँ पर मैंने एकलव्य के बारे में नाटक देखा। यह महाभारत की कहानी है : एक गरीब किसान ने क्षत्रियों के महान शिक्षक द्रोण से तीर-धनुष चलाने की विद्या सीखने में उनकी मदद चाही। द्रोण ने उसे यह कहते हुए सिखाने से मना कर दिया कि वह क्षत्रिय नहीं है। पर, किसान के इस लड़के ने द्रोण की मूर्ति बनाई, ताकि वे उसके लिए शिक्षक के रूप में मौजूद रहें और फिर वह तीर-धनुष चलाने का अभ्यास करने लगा। और वह बहुत ही बड़ा तीरंदाज बना। जब द्रोण ने यह सुना कि किसान का यह बेटा उनके प्रिय

शिष्य अर्जुन से भी बड़ा धनुर्धारी बन गया है, तो उन्होंने इस लड़के से अपनी गुरु-दक्षिणा की माँग की। क्योंकि, उसने उनकी मूर्ति को सामने रखकर तीर-धनुष चलाने का अभ्यास किया था और दक्षिणा के रूप में उन्होंने उसके दाएँ हाथ का अंगूठा माँगा। एकलव्य की कहानी महाभारत की बहुत ही हृदयविदारक कहानी है।

'इस कहानी के बारे में अभी तक मैंने ज्यादा सोचा नहीं था। पर उस दिन के बाद से इससे मुझे काफी दुख पहुँचा है। मुझे बताया गया कि उड़ीसा के ये आदिवासी इस बात को उदाहरण बनाकर यह जताने की कोशिश कर रहे हैं कि विगत में उनके साथ किस तरह का अन्याय हुआ है। हमें इस तरह की प्रतिक्रियाओं के प्रति सचेत होना चाहिए। यह तथ्य है कि पहले जो इतिहास लिखा गया, वह एकपक्षीय है। इसलिए आज लोग इन घटनाओं के बारे में अपनी बात बताने के लिए कहानी लिख रहे हैं। हमें यह नहीं सोचना चाहिए कि दूसरों को खतरे में डाल रहे हैं। मैं जब इस घटना के बारे में सोचता हूँ, तो मुझे इस बात पर काफी गुस्सा आता है कि दूसरों को प्रतिस्पर्धा से रोकने के लिए लोगों ने किस तरह का व्यवहार किया?'

इतिहासकारों के विचार

'आमतौर माना जाता है कि विष्णु एक ईश्वरी नायक और एक महान क्षत्रिय शिक्षक था; जो आर्य नस्ल को रास्ता दिखाने और उन्हें विजय दिलाने के लिए समय-समय पर अवतार लेता था।'

—हैवेल, 'आर्यन रूल इन इंडिया', (पृष्ठ 32)

'जब गोरे-चिट्टे आर्यों ने उत्तर-पश्चिम क्षेत्र से हिन्दू-कुश पर्वत को पार कर धीरे-धीरे आगे बढ़ना शुरू किया। उससे चार हजार साल से अधिक समय पहले से द्रविड़ लोग उत्तर और दक्षिण भारत के विभिन्न हिस्सों में स्थायी तौर पर बस चुके थे। आर्यों ने अफगानिस्तान होते हुए भारत में प्रवेश

किया। स्वाभाविक तौर पर द्रविड़ों ने पूरी ताक़त से इन नए घुसपैठियों का विरोध किया और इस वजह से उनके बीच तीखा और लम्बा संघर्ष चला। यह सिर्फ दो राष्ट्रीयताओं के बीच का संघर्ष नहीं था, बल्कि यह दो तरह की सभ्यताओं के बीच का संघर्ष था। द्रविड़ों को यह लड़ाई अपना अस्तित्व बचाने के लिए लड़नी पड़ी और ऋग्वेद में ऐसे कई पद/ऋचाएँ हैं, जिनमें इस युद्ध की भयानकता का जिक्र हुआ है।'

—रमेश चन्द्र मजूमदार, एमए, पीएचडी, 'आउटलाइन ऑफ एनशिएंट इंडियन हिस्ट्री एंड सिविलाइज़ेशन', (पृष्ठ-21 और 22)

'रामायण और महाभारत में इंडो-आर्यन जमाने की बातों, उनकी जीतों और गृहयुद्धों के बारे में लिखा गया है। मुझे नहीं लगता है कि मैंने कभी इन कहानियों को सच समझकर इनको कोई महत्त्व दिया और यहाँ तक कि मैंने इनमें वर्णित जादुई और अलौकिक बातों की आलोचना भी की है। पर मेरे लिए इनकी बातें अरेबियन नाइट्स और पंचतंत्र की काल्पनिक कहानियों जितनी ही सच्ची थीं।'

—श्री जवाहरलाल नेहरू, 'डिस्कवरी ऑफ़ इंडिया', (पृष्ठ 75 और 76)

'भारत में आर्यों के आगमन से नई तरह की समस्याएँ पैदा हुईं; नस्लीय और राजनीतिक। पराजित नस्ल द्रविड़ों की सभ्यता का एक लम्बा इतिहास रहा है। पर, इस बात में कोई सन्देह नहीं कि आर्य खुद को इनसे ज्यादा श्रेष्ठ मानते थे और दोनों के बीच का फासला काफी बड़ा था।'

—श्री जवाहरलाल नेहरू, 'डिस्कवरी ऑफ इंडिया', (पृष्ठ 62)

'रामायण की कहानी दक्षिण में आर्यों के प्रभुत्व के विस्तार की कहानी है।'

—वही, डिस्कवरी ऑफ इंडिया, (पृष्ठ 82)

‘विरोधाभास देखिए कि आर्यों को उन जातियों की भाषा सीखनी पड़ी और कम-से-कम उनकी सभ्यता के एक हिस्से को अपनाना पड़ा।’

—श्री आर.जी. भंडारकर, संकलित रचनाएँ (भाग III, पृष्ठ-10)

‘इंद्र और अन्य देवताओं के अनुयायियों को देव कहा जाता था और इंद्र की पूजा और बलियों का विरोध करने वालों को असुर माना जाता था। इस प्रकार देव और असुर संज्ञाएँ एक-दूसरे के लिए अपमानजनक हो गईं।’

—ए.सी. दास, एम.ए., बी.एल., ‘ऋग्वेदिक इंडिया’, पृष्ठ-151

‘रामायण मदिरा पीने वाले सुरों और मदिरा नहीं पीने वाले असुरों में अन्तर करती है।’

—‘द हिस्टॉरीयंज हिस्ट्री ऑफ द वर्ल्ड’ (भाग II, पृष्ठ 521)

सच्ची रामायण पर सुप्रीम कोर्ट का फैसला

(9 दिसम्बर, 1969 को उत्तर प्रदेश सरकार ने ई.वी. रामासामी नायकर 'पेरियार' की अंग्रेजी पुस्तक 'रामायण : अ ट्रू रीडिंग' व उसके हिन्दी अनुवाद 'सच्ची रामायण' को जब्त कर लिया था, तथा इसके प्रकाशक पर मुकदमा कर दिया था। इसके हिन्दी अनुवाद के प्रकाशक उत्तर प्रदेश-बिहार के प्रसिद्ध मानवतावादी संगठन अर्जक संघ से जुड़े लोकप्रिय सामाजिक-राजनीतिक कार्यकर्ता ललई सिंह यादव थे। उन्होंने 'सच्ची रामायण' का प्रकाशन 1968 में किया था।

बाद में उत्तर भारत के पेरियार नाम से चर्चित हुए ललई सिंह ने जब्ती के आदेश को इलाहाबाद हाईकोर्ट में चुनौती दी। वे हाईकोर्ट में मुकदमा जीत गए। सरकार ने हाईकोर्ट के निर्णय के खिलाफ सुप्रीम कोर्ट में अपील की।

सुप्रीम कोर्ट में इस मामले की सुनवाई तीन जजों की खंडपीठ ने की। खंडपीठ के अध्यक्ष न्यायमूर्ति वी.आर. कृष्ण अय्यर थे तथा दो अन्य न्यायमूर्ति पी.एन. भगवती और सैयद मुर्तज़ा फ़ज़ल अली थे।

सुप्रीम कोर्ट ने भी इस मामले पर 16 सितम्बर, 1976 को सर्वसम्मति से फैसला देते हुए राज्य सरकार की अपील को खारिज कर दिया। निम्नांकित सुप्रीम कोर्ट के अंग्रेजी में दिए गए फैसले के प्रासंगिक अंशों का अनुवाद है।)

भारत का सर्वोच्च न्यायालय उत्तर प्रदेश राज्य बनाम ललई सिंह यादव

याचिकाकर्ता : उत्तर प्रदेश राज्य बनाम प्रत्यर्थी : ललई सिंह यादव

निर्णय की तारीख : 16 सितम्बर, 1976

पूर्णपीठ : कृष्ण अय्यर, वी.आर. भगवती, पी.एन.फज़ल अली सैयद मुर्तज़ा

निर्णय : आपराधिक अपीली अधिकारिता : आपराधिक अपील संख्या 291, 1971

(इलाहाबाद उच्च न्यायालय द्वारा दिनांक 19 जनवरी, 1971 के निर्णय और आदेश से विशेष अनुमति की अपील। विविध आपराधिक केस संख्या 412/70)

अपीलकर्ता की ओर से डी.पी. उनियाल तथा ओ.पी. राणा। प्रत्यर्थी की ओर से एस.एन. सिंह

सर्वोच्च न्यायालय का निर्णय

कुछ मामले ऊपर से दिखने में अहानिकर लग सकते हैं; किन्तु वास्तविक रूप में ये लोगों की स्वतंत्रता के सन्दर्भ में अत्यधिक चिन्ताजनक समस्याएँ पैदा कर सकते हैं। प्रस्तुत अपील उसी का एक उदाहरण है। इस तरह की समस्याओं से मुक्त होकर ही ऐसे लोकतंत्र की नींव पड़ सकती है, जो आगे चलकर फल-फूल सके।

इस न्यायालय के समक्ष यह अपील विशेष अनुमति से उत्तर प्रदेश की राज्य सरकार द्वारा की गई है। अपील तमिलनाडु के दिवंगत राजनीतिक आन्दोलनकर्ता तथा तर्कवादी आन्दोलन के नेता पेरियार ई.वी.आर. द्वारा अंग्रेजी में लिखित 'रामायण : अ टू रीडिंग' नामक पुस्तक और उसके हिन्दी अनुवाद की जब्ती के आदेश के सम्बन्ध में की गई है। अपील का यह आवेदन दंड प्रक्रिया संहिता की धारा 99-ए के तहत दिया गया है।

अपीलकर्ता उत्तर प्रदेश सरकार के अनुसार [जब्ती की अधिसूचना इसलिए जारी की गई है क्योंकि], 'यह पुस्तक पवित्रता को दूषित करने तथा अपमानजनक होने के कारण आपत्तिजनक है। भारत के नागरिकों के एक वर्ग, हिन्दुओं के धर्म और उनकी धार्मिक भावनाओं को अपमानित करते हुए जानबूझकर और दुर्भावनापूर्ण तरीके से उनकी धार्मिक भावनाओं को आहत करने की मंशा [इसमें] है। अतः इसका प्रकाशन धारा 295 एआईपीसी के तहत दंडनीय है।' [उत्तर प्रदेश सरकार ने अपनी] अधिसूचना में सारणीबद्ध रूप में एक परिशिष्ट प्रस्तुत किया है, जिसमें पुस्तक के अंग्रेज़ी और हिन्दी संस्करणों के उन प्रासंगिक पृष्ठों तथा वाक्यों का सन्दर्भ दिया गया है, जिन्हें सम्भवतः अपमानजनक सामग्री के रूप में देखा गया है। उत्तर प्रदेश सरकार की इस अधिसूचना के बाद प्रत्यर्थी प्रकाशक [ललई सिंह] ने धारा 99-सी के तहत [इलाहाबाद] उच्च न्यायालय को आवेदन भेजा था। उच्च न्यायालय की विशिष्ट पीठ ने उनका आवेदन स्वीकार किया तथा सच्ची रामायण पर प्रतिबन्ध लगाने और इसकी जब्ती करने से सम्बन्धित उत्तर प्रदेश सरकार की अधिसूचना को खारिज कर दिया।

[इलाहाबाद] उच्च न्यायालय द्वारा [उपरोक्त अधिसूचना को खारिज करना] के निर्णय से असन्तुष्ट राज्य सरकार ने विशेष अनुमति से इस न्यायालय (सर्वोच्च न्यायालय) में अपील दायर की है। अपीलकर्ता के अधिवक्ता ने हमारे समक्ष जोर देकर कहा कि 'सरकार की अधिसूचना में ऐसा कोई दोष नहीं है, जिसके कारण उच्च न्यायालय ने उसे अमान्य घोषित किया गया है।' राज्य सरकार के अधिवक्ता ने यह भी कहा कि 'चूँकि इस विवादित पुस्तक के लेखक ने कठोर शब्दों में श्री राम जैसे महान अवतारों की निन्दा की है और सीता तथा जनक की छवि को तिरस्कारपूर्वक धूमिल किया है, इसीलिए यह पुस्तक इन समस्त दैवीय महाकाव्यात्मक चरित्रों की आराधना या पूजा करने वाले विशाल हिन्दू समुदाय की धार्मिक भावनाओं पर अनुचित प्रहार करती है। लेखक का यह कार्य निन्दनीय है।'

[लेकिन] उच्च न्यायालय ने बहुमत से इन तर्कों को किनारे लगाते हुए सरकारी आदेश को इस आधार पर निरस्त कर दिया कि 'राज्य सरकार ने धारा 99-ए के अनुसार अपनी अधिसूचना में उन तथ्यों का विवरण नहीं दिया है, जिनके आधार पर उसने किताब के बारे में [उपरोक्त] राय बनाई। [राज्य सरकार का कहना है कि] सिर्फ इसी एकमात्र कारण से उसे याचिका की अनुमति दी जानी चाहिए और इलाहाबाद [उच्च न्यायालय] के आदेश को खारिज कर दिया जाना चाहिए।

[लेकिन धारा 99-ए से सम्बन्धित] प्रावधान में तीन ऐसी स्थितियों [का जिक्र] है, जो नागरिकों द्वारा सृजित रचनाओं को जब्त करने का अधिकार देती हैं। इसके तीन प्रासंगिक भागों को [हम] पुन: उद्धृत कर रहे हैं :

'99 ए (1) : कोई समाचार पत्र या पुस्तक अथवा कहीं से भी मुद्रित ऐसा दस्तावेज, जिसमें निहित सामग्री या कोई अंश राज्य सरकार को भारत के नागरिकों के विभिन्न वर्गों के बीच दुश्मनी या घृणा की भावनाओं को बढ़ावा देता हुआ या देने की मंशा रखता हुआ प्रतीत हो, या जिसका उद्‍देश्य जानबूझकर और दुर्भावनापूर्ण रूप से किसी भी ऐसे वर्ग के धार्मिक विश्वासों का अपमान कर उसकी धार्मिक भावनाओं को आहत करना हो। अर्थात, कोई भी सामग्री; जिसका प्रकाशन भारतीय दंड संहिता की धारा 124-ए, धारा 153-ए या धारा 295-ए के तहत दंडनीय है। राज्य सरकार अपनी राय का आधार बताते हुए, आधिकारिक राजपत्र में अधिसूचना द्वारा ऐसी सामग्री का प्रसार करने वाले समाचार पत्र, पुस्तक या अन्य दस्तावेज की हर प्रति को जब्त करने का आदेश दे सकती है।'

अत: एक प्रामाणिक आदेश के त्रिपक्षीय पहलू इस प्रकार हैं :

(i) कि पुस्तक या दस्तावेज में कोई सामग्री हो।

(ii) ऐसी सामग्री या तो भारत के नागरिकों के विभिन्न वर्गों के बीच शत्रुता या घृणा की भावनाओं को बढ़ावा देती हो या देने का इरादा रखती हो।

(iii) तथा सरकार ने [सामग्री के सम्बन्ध में अपनी] राय किन तथ्यों के आधार पर बनाई, इसका विवरण दिया जाए।

[उपरोक्त तीन पहलुओं को परखने के] पश्चात् ही राज्य सरकार अधिसूचना के माध्यम से ऐसी सामग्री का प्रचार करने वाली पुस्तक या दस्तावेज की सभी प्रतियों को जब्त करने का आदेश दे सकती है।

[इस न्यायालय के सामने प्रश्न यह है कि] क्या [उत्तर प्रदेश सरकार की उपरोक्त] अधिसूचना वैधानिक तौर पर अनिवार्य उपरोक्त तीसरी माँग (सरकार ने सच्ची रामायण की प्रतियों की जब्ती की राय किन आधारों पर बनाई, इसका विवरण दिया जाए) को पूरा करती है या फिर यह कारणों [जब्ती के कारणों] के विवरण के अभाव में अपनी वैधता खो देती है? इसी तीसरी माँग जैसे महत्त्वपूर्ण तत्त्व की कमी को देखते हुए [इलाहाबाद] उच्च न्यायालय ने [राज्य सरकार द्वारा दिए गए जब्ती के] आदेश को खारिज कर दिया [था]। परन्तु सरकार का प्रतिनिधित्व कर रहे वकील, मि. उनियाल ने [हमारे समक्ष] कहा है कि यद्यपि सरकार की राय के आधार का कोई स्पष्ट उल्लेख नहीं है; तथापि [राज्य सरकार द्वारा जारी अधिसूचना के साथ संलग्न] परिशिष्ट द्वारा इसकी पूर्ति हो जाती है।

उनका तर्क है कि आपत्तिजनक पुस्तक के पृष्ठों तथा पंक्तियों की संख्या मामले के 'विषयवस्तु' तथा 'आधार' दोनों पर प्रकाश डालती है; खासकर 'आधार' तो इतना प्रत्यक्ष है कि उसे किनारे लगाना असंगत है। राज्य के अधिवक्ता का कहना है कि यह ऐसा मामला है, जिसका पर्याप्त रूप से विस्तृत विवरण दिया जा चुका है। यह विवरण चाहे विशिष्ट रूप से दिया गया हो, चाहे अन्तर्निहित अर्थ के माध्यम से अथवा निहितार्थ द्वारा, ये विवरण कानूनी आवश्यकता को पूरा करते हैं तथा इनसे सरकारी निष्कर्ष का आधार अथवा कारण प्रस्तुत करने की आवश्यकता काफी हद तक पूरी हो जाती है। हालाँकि, औपचारिक तौर पर न सही, लेकिन [उनका कहना है कि यह आवश्यकता] परिशिष्ट से पूरी हो जाती है।

उन्होंने यह भी कहा है कि परिशिष्ट भी आदेश का एक अभिन्न अंग है,जो स्वतः ही स्पष्ट सामग्री प्रस्तुत कर देता है। [उनका कहना है कि] जब कारण स्वतः स्पष्ट हों, तो चुप्पी बहुत कुछ कह जाती है और

कानून महज औपचारिकता की पूर्ति के लिए उनकी अलग से व्याख्या करने की माँग नहीं करता है। [उत्तर प्रदेश सरकार के अधिवक्ता की उपरोक्त दलीलों का प्रतिवाद करते हुए इस न्यायालय ने कहा कि] दंड संहिता द्वारा अभिव्यक्ति की मौलिक स्वतंत्रता पर रोक लगाने की शर्तों को निहितार्थ के सुविधाजनितवाद के सिद्धान्त द्वारा कमजोर नहीं किया जा सकता है, क्योंकि यह शर्त बहुत सोच-समझकर लगाई गई है। अभिव्यक्ति की स्वतंत्रता के मौलिक अधिकार की मूल प्रकृति के मद्देनजर विशिष्ट प्रावधानों के सख्त और प्रकट अनुपालन के बिना इसे बाधित नहीं किया जाना चाहिए।

आखिरकार एक मुक्त गणराज्य में सभी मौलिक अधिकार मौलिक होते हैं, सिर्फ राष्ट्रीय आपातकाल के समय को छोड़कर। क्योंकि आपातकाल के समय संवैधानिक रूप से स्वीकृत कठोर प्रतिबन्धों को सीमित कर दिया जाता है। हमारे विचार के केन्द्र में दंड प्रक्रिया संहिता और दंड संहिता हैं और ये कानून हर समय लागू रहते हैं। इसलिए हमें कानून की व्याख्या इस तरह से करनी होगी कि संविधान और कानूनों में निर्धारित देश की सुरक्षा-आवश्यकताओं को पूरा करते हुए भी स्वतंत्रता को पूर्ण रूप से संरक्षित रखा जा सके।

[लेकिन] अपीलकर्ता के वकील का तर्क है कि जब्त किताब में दिए गए सन्दर्भ श्री राम, सीता और जनक के इतने कठोर तरीके से प्रतिकारक हैं और इनकी ऐसी निन्दा करते हैं कि न्यायालय को उत्तर प्रदेश के हिन्दुओं की अपमानित भावनाओं की कल्पना स्वयं कर लेनी चाहिए तथा यह मान लेना चाहिए कि आदेश में कारणों को अदृश्य स्याही से लिखा गया है। [सरकारी वकील के] इन तर्क की महत्ता का आकलन करते हुए, हमें दो बिंदुओं पर ध्यान देना होगा (अ) संवैधानिक परिप्रेक्ष्य, अर्थात क्या मौलिक स्वतंत्रता को कानूनी रूप से बाधित करने की कोशिश की जा रही है; और (ब) प्रकाशित सामग्री के बारे में आमतौर पर लोग जो विचार रखते हैं, उससे भिन्न अन्य तरह के विचारों की सम्भावनाएँ भी मौजूद हैं। ये सम्भावनाएँ सरकार लिए उन परिस्थितियों

और कारणों का विवरण देना अनिवार्य बना देती हैं; जिस आधार पर सरकार ने प्रकाशित सामग्री के बारे में राय कायम की और उसे जब्त करने का निर्णय लिया।

भारत में राज्य धर्मनिरपेक्ष है और उसका हमारे बहुलतावादी समाज में प्रचलित किसी एक या अन्य धर्म की आस्थाओं से कोई सीधा सरोकार नहीं है। लेकिन, वह मात्र शान्ति और लोक-व्यवस्था के उल्लंघन के विरुद्ध समाज का संरक्षण और सुरक्षा सुनिश्चित करने के लिए ही बाध्य नहीं है; बल्कि वह ऐसी स्थिति बनाये रखने के लिए भी बाध्य है, जिसमें अशिष्ट भाषा में लिखित लेख या आपत्तिजनक प्रकाशन भिन्न या विरोधी मान्यताओं के लोगों की भावनाओं को इस तरह आहत न करें, जिससे ये जनसमूह हिंसक कृत्यों की ओर प्रवृत्त हों। अच्छी सरकार को अनिवार्य रूप से शान्ति और सुरक्षा की दरकार होती है और जो कोई भी बम अथवा पुस्तकों के माध्यम से सामाजिक शान्ति भंग करता है, वह सरकार की कानूनी कार्रवाई के निशाने पर होता है।

हमारा प्रस्ताव है कि हम अपने समक्ष आए इस मसले को विषय-वस्तु की दृष्टि से तथा व्यापक परिप्रेक्ष्य दोनों ही सन्दर्भ में देखें और इन दोनों के समागम से इस निष्कर्ष पर पहुँचें कि इलाहाबाद उच्च न्यायालय गलत नहीं था और अपील नामंजूर होनी चाहिए। भारत में विभिन्न उच्च न्यायालयों को इस [तरह के] प्रश्न पर विचार करने का अवसर प्राप्त हुआ है; लेकिन वे अलग-अलग निष्कर्ष पर पहुँचे हैं, जैसा कि हम देख रहे हैं।

जब कानून द्वारा एक नागरिक के अधिकार पर कठोर प्रतिबन्ध लगाया जाता है, तो उसके पीछे एक ठोस कारण की आवश्यकता होती है। खासकर तब, जब इसके अर्द्ध-दंडात्मक (क्वासी पीनल) परिणाम भी होते हैं। दंड प्रक्रिया संहिता के माननीय रचयिताओं ने धारा 99-ए को इस प्रकार तैयार किया है, जिससे नागरिकों की चिन्ताओं का समाधान हो सके तथा सरकार द्वारा इसके प्रयोग पर सतर्क नियंत्रण बरता जा सके। इसके प्रावधानों का प्रयोग विधि द्वारा निर्धारित प्रक्रिया के अनुसार ही

किया जा सकता है। स्पष्ट रूप से यह धारा सरकार को ऐसे मामले में हस्तक्षेप करने के लिए बाध्य करती है, जहाँ सरकार को नागरिकों के विभिन्न वर्गों के बीच दुश्मनी और घृणा की भावना को बढ़ावा देने के स्पष्ट और वर्तमान खतरे पर विचार करना हो अथवा इसकी प्रवृत्ति या मंशा नागरिकों की धार्मिक भावनाओं को आहत करने की हो। [हालाँकि] धारा में अन्य प्रवृत्तियाँ भी व्यक्त हैं, जिनका सरोकार वर्तमान मामले से नहीं है। लेकिन, [इतना तय है कि] ऐसे मामले में सरकार अपनी राय के आधार को वर्णित करने के लिए बाध्य है। हमारा सरोकार [उपरोक्त त्रिपक्षीय पहलू के] अन्तिम भाग से है।

जब [वह] धारा स्पष्टतः कहती है कि आपको यह आधार बताना होगा, तो यह कोई जवाब नहीं है कि उन्हें वर्णित करने की आवश्यकता नहीं है क्योंकि वे अन्तर्निहित हैं।...किसी पुस्तक को दंडनीय अपराध के अन्तर्गत जब्त करना एक गम्भीर मामला है; न कि उदासीनता के साथ निष्पादित किया जाने वाला एक नियमित कार्य। दंड संहिता के अनुसार इसमें की गई उपेक्षा का परिणाम इसकी वैधानिक मान्यता का खात्म होना है। [संविधान के निर्माण में निहित] ये विचार और भी महत्त्वपूर्ण हो जाते हैं जब हम राज से गणतंत्र में बदलाव को स्वीकारते हैं और लोगों को सौंपे गए महान अधिकारों के उच्च स्थान का सम्मान करते हैं। जहाँ बोलना एक संवैधानिक कर्तव्य है, वहाँ मौन रहना एक घातक अपराध है। यह बात [संविधान की] विभिन्न धाराओं को समन्वित रूप से देखने पर स्पष्ट होती है। मसलन, धारा 99-सी असन्तुष्ट पक्ष को निषेधात्मक आदेश को खारिज करने के लिए उच्च न्यायालय में आवेदन करने का अधिकार देती है और अदालत सरकारी आदेश में दिए गए कारणों की जाँच कर उसकी पुष्टि करती है या उसे खारिज करती है।

अदालत आदेश में निर्धारित कारणों से परे जाँच नहीं कर सकती है और यदि इन कारणों को पूरी तरह से निकाल दिया जाता है, तो अदालत किसकी जाँच करेगी? और, इस चूक से न्यायालय में [असन्तुष्ट पक्ष द्वारा] अपील करने का महत्त्वपूर्ण अधिकार अर्थहीन हो जाता है। चाहे

वह चूक लापरवाही से हो या सुनियोजित रूप से। कानून जिस हद तक प्रकाशन की स्वतंत्रता देता है, यदि प्रकाशन उसी दायरे तक सीमित है; तो प्रतिबन्ध लगाने वाली धारा के इस्तेमाल से अदालत को असहमति जरूर प्रकट करनी चाहिए। ऐसा नहीं करने से इस तरह के खतरनाक नतीजे की सम्भावना पैदा होती है ।

...धारा 99-ए में दिए गए निर्देश के बावजूद राज्य को जब्ती के कारणों का विवरण देने के दायित्व से मुक्त करना लोगों की निश्चित स्वतंत्रता पर शक्ति के उपयोग का हिंसात्मक अवसर देना है। हम ऐसा क्यों कहते हैं? निश्चित रूप से राष्ट्र की सुरक्षा और समाज की शान्ति व्यक्तिगत अधिकारों पर प्रतिबन्ध की माँग करती है। हम चाहे स्वतंत्र क्यों न हों, फिर भी कानून के अधीन हैं।

(1) ए.आई.आर 1961 एस.सी.1662, 1666.

विरोधी मतों की रक्षा के लिए प्रतिबद्ध हमारे संविधान निर्माताओं की आस्था मिल्स के प्रसिद्ध कथन और वाल्तेयर की प्रेरित करने वाले इस कथन का सम्मान करती थी जो इस प्रकार है :

"यदि एक व्यक्ति को छोड़कर सम्पूर्ण मानव जाति का एक मत हो और केवल उस एक व्यक्ति का विरोधी मत हो, तो भी मानवजाति द्वारा उसको चुप करा देना न्यायसंगत नहीं ठहराया जा सकता। लेकिन, यदि उस अकेले व्यक्ति में मानव जाति को मौन करने की शक्ति हो तो यह न्यायसंगत होगा।(अपने निबन्ध 'ऑन लिबर्टी' में मिल्स, पृ. 19-20 : थिंकर लाइब्रेरी सं., वाट्स)"

"तुम जो कहते हो, मैं उसे अस्वीकार करता हूँ, परन्तु तुम्हारे यह कहने के अधिकार की रक्षा, मैं अन्तिम श्वास तक करूँगा। (वाल्तेयर, एस.जी. टालंटयर, द फ्रेंड्स ऑफ वाल्तेयर, 1907)"

अधिकार और उत्तरदायित्व 'एक जटिल प्रणाली' है और हमारे संविधान के रचयिताओं ने स्वतंत्रता के उदारवादी प्रयोग पर तर्कसंगत प्रतिबन्ध निर्धारित किए; क्योंकि, वे लोग अराजकता के स्वरूप से भली-भाँति अवगत थे। संविधान सभा में डॉ. आंबेडकर ने तर्क दिया था कि यह कहना गलत

है कि मौलिक अधिकारों पर कोई प्रतिबन्ध लगाना वर्जित है और उन्होंने गितलो बनाम न्यूयॉर्क के दो स्वत: स्पष्ट अनुच्छेदों को उद्धृत किया है; जो इस प्रकार हैं:

> "बोलने की स्वतंत्रता और प्रेस की स्वतंत्रता एक लम्बे अरसे से स्थापित बुनियादी सिद्धान्त है, जो कि संविधान द्वारा सुरक्षित अधिकार हैं। लेकिन, यह वस्तुत: गैर-जिम्मेदाराना तरीके से बोलने या प्रकाशित करने की पूरी छूट नहीं देते हैं। हमें चुनना होगा, या तो हमें अपने भावों को व्यक्त करने का उचित अधिकार मिले, या फिर एक अप्रतिबन्धित और अनियंत्रित अधिकार; जो भाषा के हर सम्भव प्रयोग को उन्मुक्तता प्रदान करे और उन लोगों को दण्डित होने से बचाए, जो इस स्वतंत्रता का दुरुपयोग करते हैं।"
>
> "सरकार पुलिस के माध्यम से अपनी शक्ति का उपयोग करते हुए उन लोगों को दण्डित कर सकती है, जो लोक कल्याण के प्रतिकूल बातें करके अपनी इस स्वतंत्रता का दुरुपयोग करते हैं, जो आम जनता की नैतिकता को भ्रष्ट करने में प्रवृत्त होते हैं; अपराध करने के लिए उकसाते हैं और जन-शान्ति को भंग करते हैं। इस पर विवाद या सन्देह नहीं किया जा सकता।..."

इस संवैधानिक सारांश से सुस्पष्ट रूप से यह व्याख्यायित हो जाता है कि संहिता की धारा 99-ए हमारा स्पष्टीकरण सिद्ध करती है। लोक व्यवस्था तथा शान्ति के हित में जन-शक्ति की भूमिका इसलिए नहीं होती कि बहुसंख्यक रूढ़िवादियों को सन्तुष्ट करने के लिए चन्द रूढ़ि-विरोधियों का दमन किया जाए; बल्कि उसकी उपस्थिति इसलिए होती है, ताकि ऐसे विचारों को समय रहते रोका जाए, जो लोगों के दिमागों में खलबली मचा सकते हैं और उन्हें उत्पात के लिए प्रेरित कर सकते हैं। विशाल जनसमूह के बीच घृणा एवं उपद्रव जैसी भावनाएँ गुप्त रूप से हिंसा भड़का सकती हैं और सरकार समाज की सुरक्षा और शान्ति बनाए रखने के लिए अपने सुविचारित आधारों पर लिए गए निर्णय के जरिये पुस्तक के प्रसार पर रोक को वरीयता दे सकती हैं।

एक प्रबुद्ध सरकार अभिव्यक्ति की स्वतंत्रता पर प्रतिबन्ध लगाने की इस शक्ति का उपयोग उन्नत आर्थिक विचारों, विवेकशील तथा तर्कसंगत आलोचनाओं या पुरातन रूढ़िवादी सच्चाई को साहस के साथ सामने लाने के प्रयास को कुचलने के लिए नहीं करेगी। सुव्यवस्थित सुरक्षा एक संवैधानिक मूल्य है। यदि प्रगतिशील तथा प्रतिगामी लोगों का शान्तिपूर्वक सहअस्तित्व सुनिश्चित करना है, तो इसका संरक्षण समझदारी से किया जाना चाहिए। संहिता की धारा 99-ए का यही सार है।

मौलिक अधिकारों पर प्रतिबन्ध के अधिकार का वास्तविक इस्तेमाल सैद्धान्तिक तर्क पर नहीं, बल्कि व्यावहारिक ज्ञान पर निर्भर करेगा। जहाँ मौलिक अधिकारों के प्रतिबन्ध पर आधारित 'सुस्पष्ट और आसन्न खतरा' का अमेरिकी सिद्धान्त भारत में अनिवार्य रूप से लागू नहीं भी हो सकता है, वहीं होम्स जे. के ज्ञानवर्धक विचार प्रशासक और न्यायाधीश को सीख देने में सहायक हैं। शेनेक बनाम यू.एस.(1) मामले में होम्स जे. ने इस वास्तविक परीक्षण को स्वीकार करने के लिए बाध्य किया है। उन्होंने कहा है—

> "हम यह मानते हैं कि कई जगहों पर और सामान्य परिस्थितियों में प्रतिवादी अपने द्वारा प्रसारित परिपत्र में जो कुछ भी कहता है, वह अपने संवैधानिक अधिकारों के दायरे में रहकर ही कहता है। लेकिन, प्रत्येक व्यवहार का स्वरूप उन परिस्थितियों पर निर्भर करता है, जिनमें वैसा व्यवहार किया जाता है।...कानून द्वारा बोलने की स्वतंत्रता की कड़ी सुरक्षा ऐसे व्यक्ति का बचाव नहीं करेगी जो थिएटर में 'आग-आग' चिल्लाकर भगदड़ मचाएगा। यह ऐसे व्यक्ति को दी गई निषेधाज्ञा से भी नहीं बचाती है, जो अपने शब्दों के बल से समाज पर अनुचित प्रभाव डालता हो। हर मामले में उठने वाला सवाल यह होता है कि क्या प्रयुक्त शब्द ऐसी ही परिस्थितियों में प्रयोग किए गए थे और क्या वे ऐसी प्रकृति के थे, जो प्रत्यक्ष और तात्कालिक खतरा पैदा करने वाले थे। जो वास्तविक खतरा पैदा करते हों, जिन्हें रोकने का अधिकार

[अमेरिकी] कांग्रेस को है? यह खतरा कितना और किस स्तर का है, इससे जुड़ा हुआ प्रश्न है?"

एब्राइन्स बनाम यू.एस. (2) मामलों में एक प्रसिद्ध परिच्छेद में भी उन्होंने इस सिद्धान्त को विकसित करते हुए कहा कि :

"विचारों की अभिव्यक्ति पर दंड देना मुझे पूरी तरह से तर्कसंगत लगता है। यदि आपको अपने प्रत्युत्तर या अपनी शक्ति पर कोई सन्देह नहीं है और तहे-दिल से कोई परिणाम चाहते हैं, तो आप स्वाभाविक रूप से अपनी अभिव्यक्ति कानून के दायरे में रहकर करेंगे, और वह अभिव्यक्ति विपक्ष को परास्त कर देगी। विरोध को अस्वीकार करने से यह इंगित होता है कि आप कहने को प्रभावी शक्ति नहीं मानते हैं, जैसे कि जब कोई व्यक्ति कहता है कि उसने कोई असम्भव कार्य को सम्भव कर दिया हो, या यह कि आप परिणाम के लिए पूरे मन से परवाह नहीं करते हैं, या यह कि आपको या तो अपनी शक्ति पर या फिर अपने प्रत्युत्तर पर सन्देह है। लेकिन जब मनुष्य को यह महसूस होगा कि समय के साथ कई विरोधी विचारधाराएँ औंधे मुंह गिरी हैं, तो उन्हें अपने आचरण के आधारों से भी ज्यादा विश्वास इस विचार पर हो सकेगा कि वे जिस सर्वोत्तम स्थिति की इच्छा करते हैं, वह विचारों के मुक्त आदान-प्रदान के बेहतर तरीके से हासिल की जा सकती है। सत्य की उत्तम परीक्षा तब होती है, जब मनुष्य की विचार-शक्ति को दूसरों के समक्ष रखा जा सके और उनके विचारों की अभिव्यक्ति स्वीकार की जा सके और जब उन्हें यह अहसास हो कि सत्य ही वह एकमात्र आधार है, जिस पर वे अपनी इच्छाओं को निरापद रूप से पूरा कर सकते हैं। हर हाल में वही हमारे संविधान का सिद्धान्त है। यह एक प्रयोग है, क्योंकि हमारा सम्पूर्ण जीवन ही एक प्रयोग है।"

बोमेन बनाम सेकुलर सोसाइटी लिमिटेड (2) मामले में लॉर्ड समर ने एक बार फिर आलंकारिक भाषा में लिखित एक परिच्छेद में स्वतंत्रता तथा

सुरक्षा की गतिशीलता को रेखांकित किया था, जो कि एक साथ बोधगम्य है और सुरुचिपूर्ण भी :

(1) (1918) 249 यू.एस. 47.52=63 एल.ई.डी. 470.473-474.

(2) (1919) 250 यू.एस. 616, 629=63 एल.ई.डी. 1173, 1180.

(3) (1917) ए.सी. 406, 466-7.

"समाज को खतरे में डालने वाले शब्द तथा कृत्य समय-समय पर अनुपात में भिन्न होते हैं। क्योंकि, वास्तव में समाज स्थिर या असुरक्षित होता है, या उसके विवेकशील सदस्य यह मानते हैं कि उस पर हमला हो सकता है। वर्तमान समय में ऐसी सभाओं तथा जुलूसों को कानूनी तौर पर वैध माना जाता है, जिन्हें डेढ़ सौ साल पहले राजद्रोही माना जाता था और ऐसा इसलिए नहीं है कि कानून कमजोर पड़ गया है या बदल गया है; बल्कि इसलिए कि समय के बदलने से समाज पहले से ज्यादा सशक्त हुआ है।"

वर्तमान समय में विवेकशील मनुष्यों को समाज के विघटन या पतन का डर नहीं होता; क्योंकि धर्म पर सार्वजनिक तौर पर जिन युक्तियों से चोट की जाती है, वे अवमाननापूर्ण नहीं होतीं। इसकी कोई सम्भावना नहीं है कि भविष्य में हमारे समाज की महत्त्वपूर्ण संस्थाओं को क्षीण करने के लिए अभिकल्पित धर्म-विरोधी हमले जनसाधारण के लिए खतरा पैदा करने के दोष से अपने आप में अपराध सिद्ध होंगे। कानून की नजर में एक दिशा में आगे बढ़ने वाला विचार खुद को नए अनुभवों के आधार पर दूसरी दिशा में मुड़ने से नहीं रोकता, न ही परिस्थितियों के फिर से बदलने पर वह अपनी उत्तरवर्ती पीढ़ियों को बाँधे रखता है।

आखिर, किसी भी मत का समाज के लिए खतरा होना, समय तथा वास्तविकता पर निर्भर है। मैं ऐसा कुछ नहीं कहना चाहूँगा, जिससे समाज का खुद को आवश्यकतानुसार खतरों से बचाव करने का कानूनी अधिकार सीमित हो जाए। लेकिन, इतना कहना चाहूँगा कि जो अनुभव कभी खतरे को वास्तविक सिद्ध करते थे, अब नगण्य हो चुके हैं; और जो खतरे कभी बहुत निकट महसूस होते थे, अब

> टल गए हैं। सामान्य नियमों के अनुसार ईश्वर-निन्दा और अधर्म जैसा कुछ भी नहीं होता...जो हमें अपने समय में उस अनुभव के अनुसार विशेष परिस्थितियों में उन्हें लागू करने के अलग-अलग तरीकों को अपनाने से रोक सके।"

ऐसी है हमारी संवैधानिक योजना। ऐसी विधिशास्त्र सम्बन्धी गतिशीलता और स्वतंत्रता एवं संयम के तात्त्विक आधार। कानून एवं राजनीति के सूक्ष्म संगम की संवेदनशीलता को न्यायाधीशों को कर्तव्यनिष्ठा से सँभालना पड़ता है।

इस मामले समापन से पहले, हम यह स्पष्ट करते हैं कि हम पुस्तक की गुणवत्ता या उसकी भड़काऊ और अपमानसूचक शब्दावली पर कोई विचार व्यक्त नहीं कर रहे हैं। यह कई कारक तत्त्वों की मेल पर निर्भर करता है। जो विचार रूढ़िवादियों को ठेस पहुँचा सकता है, वह प्रगतिशील समुदायों के लिए हास्यास्पद हो सकता है। जनश्रुति के आधार पर किसी एक धर्म, सम्प्रदाय, देश या समय के लिए जो विचार या शब्द अपमानजनक हो सकता है, वह दूसरों के लिए उतना ही पवित्र हो सकता है। रूढ़िवादियों को स्वामी विवेकानन्द की इस फटकार से अब भी आक्रोश पैदा हो सकता है—

> "हमारा धर्म रसोई में है, हमारा ईश्वर वह बर्तन है जिसमें हम खाना पकाते हैं और हमारा धर्म कहता है—'मुझे मत छूना, मैं पवित्र हूँ' (जवाहरलाल नेहरू द्वारा उनकी 'डिस्कवरी ऑफ़ इंडिया' के पृ.-339 से उद्धृत)। मानव उन्नति का सूत्र स्वतंत्र विचार और उनकी अभिव्यक्ति में निहित है। लेकिन, जहाँ जनहित का प्रश्न हो, वहाँ सामाजिक अस्तित्व यथोचित नियंत्रणों का भी विधान करता है। न्यायिक समीक्षा की देखरेख में शासकीय विवेक संतुलन बनाए रखता है। हम न तो आपातकालीन स्थितियों की बात कर रहे हैं और न ही संवैधानिक रूप से पवित्र माने गए विशेष निर्देशों की, बल्कि हम तो सामान्य समय और व्यावहारिक कानूनों का समर्थन करते हैं, जो सब के काम आएँ।"

हम अपीलकर्ता राज्य सरकार के अधिवक्ता से यह कहना चाहेंगे कि यदि सरकार वर्तमान परिस्थितियों को देखते हुए विवादित पुस्तक के विरुद्ध धारा 99-ए लागू करने के लिए खुद को विवश महसूस करे, तो वह ऐसा करने के लिए स्वतंत्र है; लेकिन निश्चित रूप से उसे अपने मत के आधारों के विवरण और धारा 99-सी के तहत कार्यवाही करने के कारणों की न्यायालयीय माँग को पूरा करना होगा। हमारा विस्तृत विचार-विमर्श कानूनी प्रश्नों को हल करता है और एक-दूसरे के विरुद्ध खड़े विभिन्न उच्च न्यायालयों के निर्णयों में आन्तरिक या प्रत्यक्ष द्वन्द्वों का समाधान प्रस्तुत करता है।

विभिन्न उच्च न्यायालयों के मुकदमे निम्न हैं :

अरुण रंजन घोष बनाम पश्चिम बंगाल राज्य।

(1) और ज्वालामुखी बनाम ए.पी. राज्य।

(2) जो अपीलकर्ता द्वारा प्रस्तावित विचार का समर्थन करते हैं; और मोहम्मद खालिद बनाम मुख्य आयुक्त।

(3) चिन्ना अन्नामलाई बनाम राज्य।

(4) और बेनेट कोलमैन एंड कंपनी लिमिटेड बनाम जम्मू-कश्मीर राज्य।

(5) जो अपील के तहत इलाहाबाद के निर्णय से सहमत थे। सम्भवत: उपरोक्त मामलों में से प्रत्येक में अनुपात पर चर्चा करने की कोई आवश्यकता नहीं है; क्योंकि इस निर्णय के पहले हिस्से में प्रत्यर्थियों के विचारों पर अमल किया जा चुका है।

विभिन्न राज्य सरकारों द्वारा कई मौकों पर दंड प्रक्रिया संहिता की धारा 99-ए के तहत शक्तियों के प्रयोग की माँग की सम्भाव्यता हमें विरोध की स्थिति में ला देती है। विविधता में एकता के अलावा, भारत सांस्कृतिक विपर्ययों, कई धर्मों तथा विधर्मों, तर्कवाद और धार्मिक कट्टरता तथा आदिम पंथों और भौतिकवादी सिद्धान्तों के सह-अस्तित्व का देश है।

इतिहास और भूगोल की बाध्यताएँ और मध्ययुगीन संस्कृति के शिथिल पड़ते प्रभावों पर आधुनिक विज्ञान का प्रहार, प्रिय-अप्रिय लड़ियों से बने एक मोजाइकनुमा चित्रपट प्रस्तुत करते हैं; जिसने उनकी आपसी आलोचना की उदारचेता सहिष्णुता को व्यापक रूप से जीवन का एक आवश्यक अंग बना दिया है; भले ही उनकी अभिव्यक्ति अनर्गल ढंग से क्यों न होती हो। हमें विश्वास है कि जब्ती के कठोर निर्देशों की कार्यवाही में सरकारें अपने अभिमान को हावी नहीं होने देंगी, बल्कि हमारे समाज की इन अटल सच्चाइयों पर गौर करेंगी।

यदि कुछ क्षण के लिए हम भारत के महान विचारकों—मनु से लेकर नेहरू तक को छोड़ भी दें, तो पाएँगे कि गैलीलियो और डार्विन, थॉरो और रस्किन से लेकर कार्ल मार्क्स, एच.जी. वेल्स, बर्नार्ड शॉ तथा बर्ट्रेंड रसेल तक, कई मनीषियों के विचारों एवं कथनों पर आपत्ति जताई गई है। आज भी हमारे देश में कहीं-न-कहीं ऐसे कट्टर लोग मिल जाते हैं, जो उनके लेखन से आहत होते हैं; लेकिन कोई भी सरकार इतनी रूढ़िवादी नहीं होगी कि उनके बारे में चन्द कट्टरपंथियों के दुराग्रही विचारों के मद्देनजर उनके महान लेखन को जब्त करने के अधिकार की माँग करे।

(1) आई.एल.आर [1957] कलकत्ता 396.

(2) आई.एल.आर [1973] ए.पी. 114.

(3) ए.आई.आर 1968 दिल्ली 18 (एफ.बी.)।

(4) ए.आई.आर. 1971 मद्रास 44 (एफ.बी.)।

(5) 1964 जे. एंड के.एल.आर. 591।1974.

विभिन्न दार्शनिक विचारधाराओं के प्रति एक प्रसिद्ध माओवादी विचार उदार दृष्टिकोण को स्पष्ट रूप से इस प्रकार व्यक्त करता है—

> "कला और विज्ञान की उन्नति को बढ़ावा देने के लिए सौ फूलों को खिलने तथा सौ विचारधाराओं के बीच वाद-विवाद का अवसर देने की नीति उपयोगी होती है।"

हेराल्ड लास्की, जिन्होंने अपनी 'ए ग्रामर ऑफ पॉलिटिक्स' के जरिये भारत के कई प्रगतिशील विचारकों को प्रभावित किया है। उनके निम्नांकित कथन में एक चिरकालिक सच्चाई दृष्टिगत प्रकट होती है :

"कोई भी सरकार सामाजिक मुद्दों को लेकर कभी-भी इतनी दृढ़मत नहीं होती कि वह राष्ट्र के नाम पर उन्हें दंडनीय घोषित कर दे। पिछले कुछ वर्षों के अमेरिकी अनुभवों से यह दुखद रूप से स्पष्ट होता है कि सरकारी तंत्र में कभी-भी सटीक तौर पर अन्तर करने की पर्याप्त क्षमता नहीं होती, जिससे वह यह तय कर सके कि अक्षेपित विचार समुचित रूप से वर्तमान अव्यवस्था को जन्म देता है।"

xxxxxx

"इसका यह तात्पर्य नहीं है कि अव्यवस्था का महिमामंडन किया जा रहा है। यदि हिंसात्मक विचारों का सरकार पर इतना नियंत्रण हो कि उसकी बुनियाद ही हिल जाए, तो उसकी शासन-प्रणालियों में कोई घोर गड़बड़ी है।"

xxxxxx

"लगभग हमेशा ही, ऐसे मामले कम देखने को मिलते हैं, जिनमें दमन करने वाला पक्ष जीतता है। चूँकि, स्वतंत्र अभिव्यक्ति से तनावग्रस्त स्थिति में शान्ति बहाल की जा सकती है; इसलिए लगभग हमेशा ही उसका प्रयोग न्यायसंगत सिद्ध होता है। इसके साथ ही बोलने की स्वतंत्रता पर रोक लगाने का अर्थ है—किसी आन्दोलन को भूमिगत रूप से चालित होने के लिए बाध्य करना; जो अवैधानिक है। वोल्तेयर से फ्रांस को खतरा उनके अकादमी के लिए चुने जाने से नहीं था, बल्कि उनकी इंग्लैंड यात्रा से था।"

"लेनिन रूसी जारशाही के लिए ड्यूमा में उतना खरनाक नहीं होता, जितना कि वह स्विट्जरलैंड में रूसी जारशाही व्यवस्था के लिए था। वस्तुतः बोलने की स्वतंत्रता, जिसमें वैधानिक स्वीकृति अन्तर्निहित होती है, एक साथ असन्तोष का भाव-विरेचन तथा

यथास्थिति में सुधार लाने की आवश्यकता का आह्वान है। एक सरकार अपने समर्थकों द्वारा अपने प्रशस्ति-गान की तुलना में अपने विरोधियों की आलोचना से अधिक सीख सकती है। उस आलोचना का दम घोटना अन्ततः कम-से-कम स्वयं के विनाश की ही तैयारी है।"

निर्णय के अन्त में सर्वोच्च न्यायालय ने एक टिप्पणी जोड़ते हुए कहा कि संवैधानिक रूप से घोषित आपातकाल [सच्ची रामायण पर सर्वोच्च न्यायालय के इस फैसले के समय देश में आपातकाल लागू था] के वर्तमान सन्दर्भ में, कानून को आपातकाल सम्बन्धी प्रावधानों में अंकित परिमित दायरों में रहकर ही कार्यवाही करनी पड़ेगी और यह निर्णय पूर्व-आपातकालीन कानूनी आदेश से सम्बन्धित है। अतः हम अपील को खारिज करते हैं।

(अंग्रेजी से अनुवाद : देविना अक्षयवर)

परिशिष्ट

पेरियार : जीवन का वर्षवार लेखा-जोखा

मैं कौन हूँ?

"मेरा परिवार एक रूढ़िवादी परिवार है। इसने मन्दिर और सराय बनवाने तथा भूखों को भोजन उपलब्ध कराने आदि का उपाय किया। परिवार के सदस्यों ने ऐसे परोपकारी कार्यों के लिए खुलकर दान भी दिया। एक ऐसे परिवार में पैदा होने के बावजूद कई लोग मुझे क्रान्तिकारी और चरमपंथी कहते हैं। उनके इस विचार के पीछे कारण यह है कि मैं अपने समाज के कुछ ऐसे पहलुओं पर चोट करता हूँ, जो हमें नीचा दिखाते हैं। मेरा जोर इस बात पर है कि जब तक हमारा भरोसा हिन्दू-धर्म, हिन्दू देवताओं, हिन्दू शास्त्रों, पुराणों, वेदों और इसके इतिहास में है और जब तक हम इनका अनुसरण करते हैं, तब तक हमारा दमन और शोषण जारी रहेगा और हम समाज की इन असमान स्थितियों से कभी उबर नहीं पाएँगे। ऐसी सड़ी हुई स्थिति से बाहर निकलने के बजाय जो केवल इनका पालन करने में लगा रहेगा, भले ही वह कितनी भी बेहतर स्थिति में आ जाए; पर वह खुद को इस अवनति से उबार नहीं पाएगा। मेरा कहना केवल यह है कि हर वह व्यक्ति, जो खुद को सुधारवादी कहता है; उसे यह समझना ही चाहिए।"

(कानपुर में दिए भाषणों से 29-30-31.12.1944, रिपब्लिक 19.1.1945)

"मैंने, यानी ई.वी. रामासामी ने द्रविड़ समाज के सुधार का काम अपने हाथों में लिया है और मैं इसे आत्मसम्मान और गौरव से भरे हुए समाज में बदलना चाहता हूँ। मैं इस काम में न केवल पूरी तरह जुटा हुआ हूँ, बल्कि इसके प्रति पूर्ण रूप से समर्पित भी हूँ। मुझमें यह सेवा करने की काबिलियत है अथवा नहीं; यह बात दीगर है। क्योंकि, कोई और यह काम करने के लिए आगे नहीं आ रहा है। इसलिए, मैं इसे करने के लिए वचनबद्ध हूँ। मेरा इसके अतिरिक्त कोई अन्य लाभ नहीं है। मैं अपनी नीतियाँ और योजनाएँ तार्किक ढंग से तैयार करता हूँ। मुझे लगता है कि मुझमें यह करने की क्षमता है। अगर कोई समाज की सेवा करना चाहता है, तो इतना पर्याप्त है।"

(स्रोत : पांडुलिपि)

17 सितम्बर, 1879

तमिलनाडु के इरोड कस्बे में ई.वी. रामासामी पेरियार का जन्म हुआ। इनके पिता का नाम वेंकट नायकर और माँ का नाम चिन्ना थयम्मल उर्फ मुथम्मल था। पेरियार के पिता एक लोकप्रिय व्यापारी थे।

1898

तेरह वर्षीया नगम्मल से पेरियार का विवाह हुआ। उन्होंने अपनी रूढ़िवादी पत्नी के मस्तिष्क में तार्किक विचारों के बीज बोए।

1904

पेरियार गंगा नदी के तट पर स्थित प्रसिद्ध हिन्दू तीर्थस्थल काशी (वाराणसी) पहुँचे, जहाँ उनको धर्मशालाओं आदि में नि:शुल्क भोजन नहीं मिल सका।

पता चला कि यह सुविधा केवल ब्राह्मणों के लिए है; जबकि शेष हिन्दू जातियाँ इससे वंचित हैं।

कुछ दिनों तक भूखे रहने के बाद खूबसूरत युवक पेरियार ने ब्राह्मण का वेश धारण किया। कंधे पर एक यज्ञोपवीत डाला और धर्मशाला में भोजन करने जा पहुँचे। लेकिन, उनकी मूँछों ने उन्हें धोखा दे दिया। द्वारपाल ने न केवल उन्हें प्रवेश करने से रोक दिया, बल्कि बहुत बेरुखी से सड़क पर धकेल दिया।

उस वक्त चूँकि भीतर भोज समाप्त हो गया था, तो खाने के जूठी पत्तलें सड़क पर फेंक दी गई थीं। कई दिनों की भूख से तड़प रहे रामासामी ने मजबूर होकर गली में पड़ी जूठी पत्तलों में बचा-खुचा खाना खाया। इस दौरान तमाम कुत्ते भी उनके साथ उन्हीं पत्तलों में बचा-खुचा खाना खा रहे थे।

खाना खाते समय रामासामी की नजर सामने की दीवार पर उकेरे गए कुछ शब्दों पर पड़ी। वहाँ लिखा था—'उक्त धर्मशाला खासतौर पर सर्वोच्च वर्ण यानी ब्राह्मणों के लिए है। इस धर्मशाला का निर्माण तमिलनाडु के एक अमीर द्रविड़ व्यापारी ने करवाया था।' अचानक रामासामी के मन में कुछ प्रश्न पैदा हुए। मसलन, 'जब यह धर्मशाला एक द्रविड़ व्यापारी की बनवाई हुई है, तो ब्राह्मण अन्य द्रविड़ों को यहाँ भोजन करने से भला कैसे रोक सकते हैं? आखिर क्यों ब्राह्मण इतना क्रूर व्यवहार करते हैं कि वे द्रविड़ समेत अन्य समुदायों को भूखा मारने तक में गुरेज नहीं करते और उनकी यह जाति-व्यवस्था लोगों की जान तक ले लेती है?'

उक्त प्रश्नों पर अपनी शंका के समाधान के लिए उन्हें कोई उचित उत्तर नहीं मिल सका।

काशी में ब्राह्मणों की वजह से हुए अपमान ने पेरियार के हृदय में गहरे जख्म कर दिए। इस वजह ने उनके मन में आर्य नस्ल तथा उसके असंख्य देवी-देवताओं के प्रति गहरी घृणा पैदा कर दी।

यद्यपि काशी को ब्राह्मण सर्वाधिक पवित्र शहर मानते हैं; लेकिन यहाँ अनैतिक गतिविधियाँ, वेश्यावृत्ति, धोखाधड़ी, लूट, भीख माँगने जैसी घटनाएँ इतनी ज्यादा थीं कि पेरियार का इस तथाकथित पवित्र शहर से पूरी

तरह मोहभंग हो गया। परिणामस्वरूप कुछ समय बाद अपने संन्यास पर पुनर्विचार कर वे दोबारा गृहस्थ जीवन की ओर लौट गए। इरोड वापस पहुँचने पर उनके पिता ने अपना पूरा कारोबार अपने इस दूसरे पुत्र को सौंप दिया। उन्होंने अपने सबसे बड़े व्यापारिक प्रतिष्ठान का नाम रखा—ई.वी. रामासामी नायकर मंडी।

1905 और उसके बाद

नि:स्वार्थ समाज सेवा : ई.वी. रामासामी इरोड के जाने-माने उद्योगपति तो थे ही; इसके अलावा उन्होंने नि:स्वार्थ समाजसेवा करते हुए भी सार्वजनिक जीवन में अपना स्थान बनाया। एक उल्लेखनीय घटना इस प्रकार है—एक बार इरोड में प्लेग की घातक और संक्रामक बीमारी फैली। सैकड़ों लोग मारे गए और हजारों लोग अपनी जान बचाने के लिए वहाँ से भाग खड़े हुए। लेकिन, रामासामी ने अन्य अमीर व्यापारियों की तर्ज पर अपनी जन्मभूमि नहीं छोड़ी। प्लेग के संक्रमण से भयभीत होकर सन्तानों और करीबियों द्वारा त्याग दिए गए शवों को उन्होंने खुद श्मशान पहुँचाया; ताकि उनका अन्तिम संस्कार हो सके।

इरोड के 'बाजार स्ट्रीट' के व्यापारियों पर उनका जबरदस्त प्रभाव था। उन्होंने अपनी निष्पक्षता और सही निर्णय लेने की क्षमता की मदद से व्यापारियों के कई विवाद सुलझाए।

अपनी युवावस्था में वे तमिल विद्वान, पंडित शिरोमणि अयोथी थास से प्रभावित थे; जो अपने तर्कों और बौद्ध सिद्धान्तों की मदद से जाति-व्यवस्था और ब्राह्मणवादी हिन्दू-धर्म की जमकर आलोचना करते थे।

हिन्दू-धर्म और उसमें शामिल जाति-व्यवस्था खासतौर पर द्रविड़ नस्ल के दमन के लिए ब्राह्मणों द्वारा ईजाद की गई। अस्पृश्यता की क्रूरता के प्रति तमाम नफरतों के बावजूद अपनी ईमानदारी और काम करने की क्षमता के कारण ई.वी. रामासामी को कई सरकारी संस्थानों में माननीय पदों पर काम करने का अवसर मिला।

ब्रिटिश सरकार ने पेरियार को मानद मजिस्ट्रेट भी बनाया था। इसके अलावा उन्हें जिला बोर्ड, तालुका बोर्ड, शहरी बैंक, देवस्थानम, शासकीय पुस्तकालय, युद्ध भर्ती समिति, कृषिविदों के संघ, व्यापारी संघ, महाजन स्कूल समिति समेत करीब 29 सरकारी संस्थानों में अध्यक्ष, उपाध्यक्ष, सचिव जैसे पद सँभालने के अवसर मिले।

1918

इरोड नगरपालिका के वह चेयरमैन बने। उन्होंने कई प्रभावशाली कल्याणकारी योजनाओं को लागू किया। खासतौर पर पेयजल योजना को कुशलतापूर्वक क्रियान्वित किया। जिस समय पेरियार इरोड नगरपालिका के चेयरमैन थे, उस समय उनकी और चक्रवर्ती सी. राजगोपालाचारी के साथ मित्रता हुई। बाद में राजगोपालाचारी भारत के गवर्नर जनरल बने।

1919

मि. वरदराजुलु नायडू और सी. राजगोपालाचारी ने पेरियार पर दबाव डाला कि वे महात्मा गांधी के नेतृत्व वाली भारतीय राष्ट्रीय कांग्रेस में शामिल हो जाएँ। आखिरकार पेरियार ने इरोड नगरपालिका के चेयरमैन पद से इस्तीफा दे दिया और कांग्रेस पार्टी के सदस्य बन गए।

1920

महात्मा गांधी द्वारा ब्रिटिश शासन के विरुद्ध शुरू किए गए असहयोग आन्दोलन में उन्होंने जमकर भागीदारी की तथा उनके आह्वान पर सभी 29 सार्वजनिक पदों से इस्तीफा दे दिया। उन्होंने उस पारिवारिक कारोबार तक को बन्द कर दिया, जो सालाना 20,000 रुपए की आय दे रहा था। यह वह समय था, जब एक स्वर्ण मुद्रा का मूल्य 10 रुपए से अधिक नहीं था। उन्होंने इरोड में पहली बार लगी

धारा 144 का उल्लंघन किया और दुकानों के बाहर धरना देने के कारण गिरफ्तार किए गए। पेरियार ने गांधी को अपना नेता स्वीकार किया और उन पर भरोसा किया। इस तरह एक सच्चे अनुयायी के रूप में वे गांधी के कहे हर शब्द का पालन करते थे।

ऐसा ही एक उदाहरण है—हाथ से खादी का कपड़ा बुनना। जैसे ही गांधी की ओर से खादी के कपड़े पहनने का निर्देश जारी हुआ; पेरियार ने तत्काल अपने महँगे विदेशी वस्त्र त्याग दिए और खादी पहनना शुरू कर दिया। इतना ही नहीं, उन्होंने अपने परिवार के सभी सदस्यों को भी केवल खादी के कपड़े पहनने पर मजबूर किया; जिनमें उनकी 80 वर्ष की माँ भी शामिल थीं। जीवन के अब तक के सुखों को त्यागकर उन्होंने हर पहलू में सादगी को अपना लिया।

1920

शराबबन्दी की नीति पर पहली बार पेरियार के घर पर ही विचार किया गया था। जब गांधी इरोड आए और उनके आवास पर रुके, तो उनकी पत्नी नगम्मल और उनकी बहन कन्नम्मल ने उन्हें बताया कि कैसे शराब पीने वाले लोग अपनी पत्नियों को बुरी तरह प्रताड़ित करते हैं। इन महिलाओं ने काफी जोर दिया कि शराबबन्दी की नीति तैयार की जानी चाहिए। उन्होंने इस सम्बन्ध में विरोध-प्रदर्शन शुरू करने का अनुरोध भी किया।

गांधी ने इस उपयोगी सलाह को एक बार में ही स्वीकार कर लिया। उन्होंने घोषणा की कि कांग्रेस पार्टी के लोगों को देश भर में ताड़ी की दुकानों के सामने प्रदर्शन करना चाहिए और ब्रिटिश सरकार से यह माँग करनी चाहिए कि वह शराबबन्दी लागू करे। गांधी ने शराबबन्दी को लेकर जो निर्देश दिए, उनका पालन करते हुए पेरियार ने अपने विशाल प्रांगण में से ताड़ के 500 वृक्ष कटवा दिए। इनसे ताड़ी निकाली जाती थी। यह उनकी प्रतिबद्धता की एक बानगी भर है।

1921

इरोड में पेरियार ने प्रदर्शनकर्ताओं का नेतृत्व किया और ताड़ी की दुकान के सामने धरना दिया। उनको गिरफ्तार किया गया और एक महीने की कैद की सजा सुनाई गई।

1922

उनकी पत्नी नगम्मल और बहन कन्नम्मल भी इस आन्दोलन में शामिल हो गईं और उन्होंने शराब की दुकानों के सामने धरना-प्रदर्शन करने वाली महिलाओं का नेतृत्व किया।

जब कांग्रेस की शीर्ष पंक्ति के कुछ नेताओं ने महात्मा गांधी से प्रदर्शन रोकने का आग्रह किया, तो उन्होंने गम्भीरतापूर्वक कहा कि यह फैसला लेना उनके हाथ में नहीं है; बल्कि इरोड की दो महिलाओं के हाथ में है। उनका इशारा पेरियार की पत्नी और बहन की ओर था।

उसके बाद पेरियार तमिलनाडु कांग्रेस कमेटी के अध्यक्ष बने। तिरुपपुर में आयोजित पार्टी के प्रान्तीय सम्मेलन में उन्होंने एक प्रस्ताव पारित किया; जिसमें कहा गया था कि द्रविड़ नस्ल के सभी 'अस्पृश्यों' को पूजा-अर्चना के लिए मन्दिर में प्रवेश की इजाजत मिलनी चाहिए। लेकिन, कांग्रेस कमेटी के ब्राह्मणों ने इस प्रस्ताव को पारित करने पर आपत्ति जताई। जाति की इस समस्या से नाराज पेरियार ने घोषणा की कि वे 'मनुस्मृति' और 'रामायण' आदि पुस्तकों को जलाएँगे। क्योंकि, इन पुस्तकों का प्रयोग कुटिल ब्राह्मणों द्वारा अपने धार्मिक हथियार के तौर पर किया जाता है। इन हथियारों की मदद से वे द्रविड़ नस्ल के लोगों को जाति और अन्धविश्वास में फँसाकर दबाने का काम करते हैं।

1923

पंगल के राजा की अध्यक्षता वाली जस्टिस पार्टी की सरकार ने मद्रास राज्य विधायी परिषद् में एक अधिनियम पारित किया। इस कानून के तहत हिन्दू

धार्मिक बन्दोबस्ती बोर्ड बनाया जाना था; ताकि हिन्दू मन्दिरों में ब्राह्मणों द्वारा किया जाने वाला शोषण समाप्त किया जा सके।

हालाँकि, पेरियार कांग्रेस के नेता थे; लेकिन फिर भी उन्होंने जस्टिस पार्टी सरकार के कानून का समर्थन किया। इसलिए, क्योंकि वह सामाजिक न्याय के पक्षधर थे और हिन्दू आर्यों द्वारा प्रताड़ित द्रविड़ नस्ल की शिक्षा, रोजगार तथा आर्थिक अधिकारों को लेकर खासे चिन्तित रहा करते थे।

सामाजिक न्याय के योद्धा
1924

पेरियार ने जस्टिस पार्टी सरकार के उन प्रयासों की सराहना की, जिनके तहत वह शिक्षा और रोजगार के लिए सरकारी आदेश के जरिये जाति के आधार पर आरक्षण चाह रही थी। ब्राह्मण अस्पृश्यता जैसी क्रूर व्यवस्था का प्रयोग द्रविड़ों के दमन के लिए करते आए थे। पेरियार ने इस व्यवस्था को खत्म करने के लिए केरल के वायकॉम कस्बे में विरोध-प्रदर्शन का आयोजन किया। ऐसा उन्होंने सरकार के कायदे की अवमानना करते हुए किया था।

वायकॉम एक धार्मिक शहर था। लेकिन, वहाँ इड़वा समुदाय समेत किसी भी निचले तबके के व्यक्ति को मन्दिर के आसपास की गलियों में चलने तक की इजाजत नहीं थी। कांग्रेस पार्टी के लोगों ने इसके खिलाफ सत्याग्रह का आयोजन किया। उन्होंने पेरियार से अनुरोध किया कि वे तमिलनाडु से आएँ और इस सत्याग्रह का नेतृत्व सँभालें। पेरियार ने ऐसा ही किया। उनको गिरफ्तार करके जेल भेज दिया गया। इस मामले में उनको दो बार जेल की सजा हुई। दूसरी बार उनको छह महीने की सजा सुनाई गई। सत्याग्रह पूरे एक साल चला। इसके बाद इन गलियों को अस्पृश्यों के लिए खोल दिया गया।

यह सामाजिक बलिदान की और मानव अधिकारों की एक साहसिक लड़ाई थी; जिसमें जीत मिली। पेरियार को वायकॉम के नायक की उपाधि से नवाजा गया।

11 सितम्बर, 1924

पेरियार को पहले भी खादी के कपड़ों की वकालत और विदेशी वस्तुओं के बहिष्कार के लिए जेल की सजा हुई थी। तिरुवनवेली के निकट चेरनमाधवी में स्थित राष्ट्रीय प्रशिक्षण विद्यालय 'गुरुकुलम' छात्रावास के ब्राह्मण प्रभारी वीवीएस अय्यर ब्राह्मण एवं गैर-ब्राह्मण छात्रों में भेद किया करते थे। हालाँकि, इस संस्थान को तमिलनाडु कांग्रेस कमेटी और परोपकारी द्रविड़ उद्यमियों की ओर से वित्तीय सहायता मिलती थी। ब्राह्मण छात्रों को लेकर अय्यर के जातिवादी रुझान और इसकी वजह से द्रविड़ छात्रों को होने वाली दिक्कतों से पेरियार अत्यन्त क्रोधित हुए। अन्ततः इस समानतावादी नेता ने तमिलनाडु कांग्रेस कमेटी के सचिव पद से त्यागपत्र दे दिया। इसके बाद पेरियार को तमिलनाडु कांग्रेस कमेटी का अध्यक्ष बना दिया गया। उन्होंने नवम्बर, 1924 में तिरूवन्नमलई में आयोजित कांग्रेस के प्रान्तीय अधिवेशन में यह पद ग्रहण किया।

वर्ष 1920 के बाद से वह लगातार कांग्रेस के सम्मेलनों में ऐसे प्रस्ताव पेश कर रहे थे, जिनमें सरकारी नौकरियों और शिक्षा के क्षेत्र में गैर-ब्राह्मणों (द्रविड़ों) को आरक्षण देने की माँग की जा रही थी। उनकी कोशिश थी कि इस तबके के लोगों को जीवन के हर क्षेत्र में उच्च पदों पर लाया जा सके और वे ब्राह्मणों से समानता हासिल कर सकें।

इसी तरह उन्होंने तिरूवन्नमलई कांग्रेस सम्मेलन में भी समानता प्रस्ताव रखा। लेकिन, ब्राह्मणों ने उसे पारित नहीं होने दिया। इससे पहले तिरुवनवेली (1920), तंजावुर (1921), तिरूपुर (1922) और सलेम (1923) में ऐसा हो चुका था। सलेम में एक सार्वजनिक आयोजन में बोलते हुए पेरियार ने चेतावनी दी थी कि जब तक ब्रिटिश शासन में गैर-ब्राह्मणों को सामुदायिक प्रतिनिधित्व नहीं मिल जाता है, तब तक ब्राह्मणों का वर्चस्व समाप्त नहीं होगा और द्रविड़ नस्ल को यूँ ही ब्राह्मनोक्रेसी यानी ब्राह्मणवाद के बोझ तले दबे रहना होगा। (द हिन्दू शताब्दी विशेष पृष्ठ क्रमांक-337)। इस तरह उन्होंने एक नया शब्द भी गढ़ा।

2 मई, 1925

पेरियार 'कुदी आरसु' नाम से एक तमिल साप्ताहिक पत्रिका का प्रकाशन किया करते थे, जिसके सम्पादन का भार भी उन्हीं पर था। इसका उद्देश्य द्रविड़ समुदाय के लोगों को ब्राह्मणों की क्रूर जाति-व्यवस्था और हिन्दू-धर्म के अन्धविश्वासों के कारण होने वाले दमन के प्रति जागरूक करना तथा उनमें आत्मसम्मान का भाव पैदा करना था। 'कुदी आरसु' का पहला अंक तमिल भाषा के जाने-माने धार्मिक विद्वान एवं प्रख्यात वक्ता तिरुप्पतिरिपलयार ज्ञनियार स्वामीगल ने जारी किया।

नवम्बर, 1925

एक बार फिर कांचीपुरम में कांग्रेस सम्मेलन का आयोजन हुआ, जिसकी अध्यक्षता महान तमिल लेखक, सम्पादक, वक्ता और मजदूर नेता तिरु वी. कल्याणसुन्दरम (टीवीकेएस) कर रहे थे। पेरियार ने यहाँ भी गैर-ब्राह्मणों का सामुदायिक प्रतिनिधित्व सुनिश्चित करने को लेकर प्रस्ताव पेश किया। हमेशा की तरह धूर्त ब्राह्मणों ने उसे पारित नहीं होने दिया। इस बात से नाराज पेरियार ने कांग्रेस पार्टी और उस पदानुक्रम का त्याग कर दिया, जिस पर पूरी तरह ब्राह्मणों का कब्जा और दबदबा था।

कांग्रेस से नाता तोड़ते वक्त पेरियार ने जोरदार ढंग से कहा कि उनका भविष्य का काम होगा पार्टी में हर तरीके से ब्राह्मण-राज को खत्म करना। सम्मेलन से उनके हटते ही पार्टी में प्रथम पंक्ति के तमाम नेता और स्वयंसेवक भी उनके साथ पार्टी छोड़कर चले गए। उसी कांचीपुरम कस्बे में पेरियार ने गैर-ब्राह्मणों का एक समांतर सम्मेलन आयोजित किया। अपने भाषण में उन्होंने कहा कि द्रविड़ों और आर्यों (ब्राह्मणों) के बीच नस्ली पहचान का अन्तर हमेशा से, बल्कि पुरातनकाल से रहा है; और कांग्रेस पार्टी में इसकी मौजूदगी से भी इनकार नहीं किया जा सकता है। इसलिए उन्होंने इस बात पर जोर दिया कि द्रविड़ लोगों को अपनी नस्ल के आत्मसम्मान, अपनी भाषा

और अपनी उस संस्कृति की रक्षा करनी चाहिए; जिसे ब्राह्मणों के रसूख, उनकी जाति-व्यवस्था और हिन्दू-धर्म के अन्धविश्वास ने कमतर कर दिया है।

पेरियार ने सन् 1925 में कांग्रेस पार्टी से बाहर निकलने के बाद आत्मसम्मान आन्दोलन की शुरुआत की।

1926

उन्होंने तमिलनाडु में तथा कई अन्य स्थानों पर गैर-ब्राह्मण सम्मेलनों में हिस्सा लिया और अपने आत्मसम्मान अभियान के सिद्धान्तों का प्रचार-प्रसार किया। उनकी कोशिश द्रविड़ नस्ल को जागरूक करने की थी; ताकि उनको ब्राह्मणों की दासता से मुक्त किया जा सके।

1927

पेरियार ने बैंगलोर (बेंगलूरु) में कांग्रेस नेता मोहनदास करमचन्द गांधी से मुलाकात की और उनसे जोर देकर कहा कि जब तक जहरफली जाति-व्यवस्था यानी वर्णाश्रम धर्म को खत्म नहीं किया जाता है, तब तक ब्राह्मणों द्वारा जबरदस्त तरीके से व्यवहार में लाई जाने वाली 'अस्पृश्यता' को खत्म नहीं किया जा सकता है। उन्होंने सहानुभूतिपूर्वक गांधी से कहा कि भारत में आजादी के लिए लड़ने के पहले तीन दुश्मनों का खात्मा जरूरी है। ये दुश्मन थे—

(1) कांग्रेस पार्टी (जिस पर ब्राह्मण पदाधिकारियों का दबदबा था) (2) जाति-व्यवस्था वाला हिन्दू-धर्म और (3) समाज में ब्राह्मणों का दबदबा।

1928

पेरियार ने 7 नवम्बर, 1928 को 'रिवोल्ट' शीर्षक से अंग्रेजी पत्रिका प्रकाशित की।

1929

आत्मसम्मान आन्दोलन का पहला प्रान्तीय सम्मेलन पेरियार ने फरवरी, 1929 में चेंगलपट्टू में आयोजित किया। इस सम्मेलन की अध्यक्षता मिस्टर डब्ल्यू. पी.ए. सुन्दर पांडियन को सौंपी गई थी।

पेरियार ने एक नई तार्किक विवाह-पद्धति का चलन पैदा किया; जिसे 'आत्मसम्मान विवाह' का नाम दिया गया। इस विवाह-समारोह के दौरान सभी धार्मिक रीति-रिवाज तथा ब्राह्मणों द्वारा मंत्रोच्चार पूरी तरह प्रतिबन्धित थे। नवविवाहित जोड़े के लिए एक-दूसरे को माला पहनाना व मातृभाषा में विवाह की शपथ दोहराना पर्याप्त था। इस तरह के विवाह में फिजूलखर्ची की कोई जगह नहीं थी। क्योंकि, इसे बहुत सादगी से निपटाना था। पेरियार ने अपनी सुधरी हुई विवाह-प्रथा में इन तमाम शर्तों को शामिल किया था।

इस नई वैवाहिक-व्यवस्था में उन्होंने शादी को धर्मनिरपेक्ष बनाया। किसी भी धर्म का कोई भी व्यक्ति शादी करा सकता था। केवल वर एवं वधू को एक-दूसरे को माला पहनानी थी; एक-दूसरे का पति-पत्नी होने की घोषणा करनी थी। इस नई वैवाहिक-व्यवस्था के अलावा पेरियार ने अन्तर्जातीय-विवाह तथा विधवा-विवाह को भी बढ़ावा दिया।

10-11 मई, 1930

पेरियार ने इरोड में आत्मसम्मान आन्दोलन के दूसरे प्रान्तीय सम्मेलन का आयोजन मिस्टर एम.आर. जयकर की अध्यक्षता में किया। पुणे निवासी जयकर एक तर्कवादी नेता थे। इस दौरान युवा सम्मेलन, महिला सम्मेलन, शराबबन्दी सम्मेलन, तमिल संगीत सम्मेलन आदि का आयोजन भी किया गया। उन्होंने देवदासी प्रथा के खात्मे से सम्बन्धित विधेयक का सक्रिय समर्थन किया। इस व्यवस्था के तहत उस एक खास समुदाय की युवा लड़कियों को अलग कर दिया जाता था; जो हिन्दू मन्दिरों में नृत्य करती थीं। डॉ. मुथुलक्ष्मी (रेड्डी) नामक एक महिला सुधारक ने एक विधेयक पेश किया; जिसे मद्रास

विधान परिषद् में पारित कर दिया गया। हालाँकि, जातिवादी ब्राह्मण नेताओं ने इसका जमकर विरोध किया था।

1931

तीसरा प्रान्तीय आत्मसम्मान सम्मेलन विरुतनगर में हुआ; जिसकी अध्यक्षता आर.के. षणमुगम ने की थी।

20 जून, 1932

इंग्लैंड में पेरियार ने श्रमिकों की एक विशाल सभा सम्बोधित की; जिसमें 50,000 से अधिक लोग शामिल थे। उन्होंने तार्किकता और समाजवाद पर अपने सिद्धान्तों को वहाँ स्पष्ट किया।

28-29 दिसम्बर, 1932

महान विचारक कामरेड एम. सिंगारवेलु ने इरोड में पेरियार के आवास पर एक समाजवादी कार्यक्रम का मसौदा तैयार किया; जिस पर हुई चर्चा में आत्मसम्मान आन्दोलन के अनुयायियों ने भी हिस्सा लिया।

1932

सोवियत संघ का दौरा किया तथा समूचे तमिलनाडु में कई बैठकों को सम्बोधित किया और 'समाजवाद की इरोड योजना' का प्रचार किया।

11 मई, 1933

पेरियार की प्रिय पत्नी श्रीमती ई.वी. रामासामी नगम्मल का निधन हो गया और उनका अन्तिम संस्कार अगले दिन किया गया। 12 मई, 1933 को

अन्तिम संस्कार के तत्काल बाद वह तिरुचिरापल्ली के लिए निकल गए। वहाँ उन्होंने अन्तर्धार्मिक (ईसाई) आत्मसम्मान विवाह-समारोह का आयोजन किया। इस दौरान उन्होंने धारा-144 का उल्लंघन किया और उनको गिरफ्तारी देनी पड़ी।

1933

ब्रिटिश सरकार ने तमिल साप्ताहिक 'कुदी आरसु' को प्रतिबन्धित कर दिया। एक अन्य पत्रिका 'पुरातकी' (क्रान्ति) का प्रकाशन पेरियार ने किया।

1935

पेरियार ने जस्टिस पार्टी को और अधिक समर्थन देना शुरू कर दिया। पार्टी ने 01 जून, 1935 को तमिल साप्ताहिक पत्र 'विदुथलई' का प्रकाशन शुरू किया। इसका भार पेरियार पर आया; जिन्होंने 01 जनवरी, 1937 से विदुथलई को तमिल दैनिक के रूप में प्रकाशित करना आरम्भ कर दिया। 12 जनवरी, 1935 से पेरियार द्वारा तमिल भाषा की लिपि में किए गए सुधार उनके द्वारा प्रकाशित सभी पुस्तकों और समाचार पत्रों में लागू कर दिए गए।

1940

उन्होंने बॉम्बे में डॉ. बी.आर. आंबेडकर और मोहम्मद अली जिन्ना से मुलाकात की। मि. सी.एन. अन्नादुरै (उन्हें स्नेह से अन्ना कहा जाता था) उनके साथ हो गए। जब सी. राजगोपालाचारी के मंत्रालय ने इस्तीफा दिया, तो पेरियार को वैकल्पिक मंत्रालय बनाने का निमंत्रण दिया गया। क्योंकि, वे जस्टिस पार्टी के निर्वाचित नेता थे। उन्होंने तिरुवरुर

सम्मेलन में अलग द्रविड़नाडु की माँग की; ताकि द्रविड़ नस्ल को बचाया जा सके।

साथ ही तमिल भाषा को हिन्दी और उत्तरी भारतीय हिन्दू पूँजीवादियों के दबदबे से बचाया जा सके।

1944

27 अगस्त, 1944 को सलेम में आयोजित जस्टिस पार्टी के प्रान्तीय सम्मेलन में पार्टी का नाम बदलकर 'द्रविड़ कड़गम' रख दिया गया; ताकि यह पूरी तरह उस सामाजिक क्रान्तिकारी आन्दोलन को परिलक्षित कर सके, जिसका लक्ष्य था—ब्राह्मणों द्वारा दमित द्रविड़ नस्ल का उद्धार। वहाँ यह घोषणा भी की गई कि पार्टी चुनाव नहीं लड़ेगी और न ही ब्रिटिश सरकार द्वारा दिए जाने वाले अलंकरण स्वीकार करेगी।

1946

11 मई, 1946 को मदुरै में वैगई नदी के तट पर प्रसिद्ध 'काली कमीज सम्मेलन' का आयोजन किया गया। रेत पर हो रहे इस आयोजन के दौरान ब्राह्मणों द्वारा भड़काए गए गुंडों ने पंडाल को आग लगा दी और पेरियार तथा उनके साथी पूरा दिन उसी में फँसे रहे।

15 अगस्त, 1947

15 अगस्त, 1947 को जब पूरा भारत और पूरा विश्व भारत की आजादी का जश्न मना रहा था, तब पेरियार ने एक साहसिक घोषणा करते हुए कहा था कि यह तमिलों के लिए शोक का दिन है। उन्होंने कहा कि भारत की आजादी कुछ और नहीं बस ब्रिटिशों से ब्राह्मणों और बनियों के हाथों सत्ता हस्तांतरण है।

14 सितम्बर, 1947

14 सितम्बर, 1947 को द्रविड़नाडु को अलग करने सम्बन्धी एक सम्मेलन का आयोजन कडलोर कस्बे में आयोजित किया गया।

1948

काली कमीज स्वयंसेवक कोर को प्रतिबन्धित कर दिया गया। 18वें द्रविड़ कड़गम राज्य सम्मेलन का आयोजन तूतीकोरिन में 8 और 9 मई, 1948 को पेरियार की अध्यक्षता में किया गया। इस अवसर पर जाति और धर्म से परे पेरियार के हजारों समर्थक जुटे।

पेरियार और मि. सी.एन. अन्नादुरै (अन्ना) ने चेन्नई में मराईमलाई अदिगलार (तमिल शुद्धता के आग्रही) के नेतृत्व में आयोजित हिन्दी-विरोधी स्वयंसेवकों के सम्मेलन में हिस्सा लिया। 30 जनवरी, 1948 को महात्मा गांधी को नई दिल्ली में प्रार्थना-सभा के दौरान मराठी ब्राह्मण नाथूराम गोडसे ने गोली मार दी। पेरियार ने तमिलनाडु में आयोजित बैठकों में इसकी निन्दा की। उन्होंने यह सुझाव दिया कि भारत का नाम गांधी-राष्ट्र (नाडू) रख दिया जाए। उन्होंने गांधी की शहादत को याद रखने के लिए गांधी-धर्म नामक नया धर्म चलाने का सुझाव भी दिया।

1949

मनियाम्माई के साथ पेरियार का विवाह उनके स्वास्थ्य की रक्षा और आन्दोलन की परिसम्पत्तियों की देखरेख के लिए किया गया; ताकि यह सुधारवादी आन्दोलन भविष्य में बिना किसी अड़चन के चलता रह सके।

1950

उन्होंने गणतंत्र दिवस यानी 26 जनवरी, 1950 को तमिलों के लिए शोक दिवस घोषित किया। 22 जनवरी, 1950 को पेरियार को उनकी पुस्तक 'पोनोमोझिगल' (स्वर्णिम कहावतें) के प्रकाशन के लिए जेल की सजा सुनाई गई।

1951

पेरियार के आन्दोलनों द्वारा तैयार हो रहे प्रतिरोध को महसूस करते हुए केन्द्र की नेहरू सरकार ने पहली बार संविधान में संशोधन किया। यह भारतीय संविधान का पहला संशोधन था। संविधान के अनुच्छेद 15 में उपखंड (4) जोड़ा गया और देश में पिछड़े वर्ग के लिए समान अधिकार और अवसर सुनिश्चित करने के लिए सरकारी आदेश का प्रावधान किया गया।

1953

मूर्ति-पूजा की निन्दा करने के लिए और दुनिया को यह दिखाने के लिए कि मूर्तियों में कोई अलौकिक शक्ति नहीं है; पेरियार ने एक अभियान शुरू किया। उनके अनुयायियों तथा खुद पेरियार ने सार्वजनिक स्थानों पर पिल्लैयर (विनायक) की मूर्तियाँ तोड़नी शुरू कर दीं।

पेरियार ने राजाजी के उस शिक्षा सुधार कार्यक्रम का तीव्र विरोध किया, जिसके मुताबिक सभी छात्रों को विद्यालयों में अपने माता-पिता के पेशे को ही सीखना चाहिए था। विरोध इतना तगड़ा था कि सी. राजगोपालाचारी (राजाजी) को मुख्यमंत्री का पद छोड़ना पड़ा। परिणामस्वरूप के. कामराज तमिलनाडु के मुख्यमंत्री बने और उन्होंने भारी विरोध झेल रहे इस शैक्षणिक सुधार को लागू करने से इनकार कर दिया।

1954

पेरियार ने इरोड में बौद्ध धर्म पर एक सम्मेलन का आयोजन किया। पेरियार और उनकी पत्नी तथा कुछ मित्रों ने म्यांमार और मलेशिया की यात्रा की। म्यांमार में मांडले में उन्होंने विश्व बौद्ध सम्मेलन में हिस्सा लिया; जहाँ उनकी मुलाकात बौद्ध विद्वान मिस्टर मल्लाल शेखर और डॉ. बी.आर. आंबेडकर से हुई। उन्होंने डॉ. आंबेडकर से लम्बी चर्चा की और चर्चा में

बौद्ध धर्मांतरण का विषय भी आया। उन्होंने डॉ. आंबेडकर को सलाह दी कि वे अकेले नहीं, बल्कि बड़ी संख्या में अपने अनुयायियों के साथ बौद्ध धर्म में दीक्षित हो जाएँ।

1955

पेरियार ने जनभावनाओं के विरुद्ध जाकर तमिलनाडु में हिन्दी को अनिवार्य करने की योजना का विरोध करते हुए घोषणा की कि वे एक निश्चित तिथि को देश का राष्ट्रध्वज जलाएँगे। पेरियार को सार्वजनिक स्थानों पर राम की तस्वीरें जलाने और हिन्दी की अनिवार्यता का विरोध करने के लिए गिरफ्तार कर लिया गया। उन्होंने ये तस्वीरें रामायण महाकाव्य में आर्य दबदबे और द्रविड़ नेताओं के दमन के विरुद्ध जलाई थीं। त्रिची के जिलाधिकारी आर.एस. मलयप्पन अस्पृश्यों के साथ सहानुभूति रखते थे और मद्रास उच्च न्यायालय के दो ब्राह्मण न्यायाधीशों ने अपने एक फैसले में उनकी निर्दयतापूर्वक आलोचना की। पेरियार इस फैसले का सच सबके सामने लाए। क्योंकि, आर.एस. मलयप्पन पिछड़े समुदाय के अधिकारी थे। पेरियार ने त्रिची टाउन हॉल चौराहे पर आयोजित एक जनसभा में उच्च न्यायालय के न्यायाधीशों की आलोचना करते हुए कहा कि वे वंचित वर्ग के प्रति नफरत का भाव रखते हैं।

18 जनवरी, 1957

पेरियार और भूदान आन्दोलन के प्रणेता विनोबा भावे ने तिरुचिरापल्ली में मुलाकात की।

23 अप्रैल, 1957

मद्रास उच्च न्यायालय के दो ब्राह्मण न्यायाधीशों द्वारा त्रिची के जिलाधिकारी आर.एस. मलयप्पन के मामले में दिए गए फैसले की आलोचना करने के

चलते पेरियार पर न्यायालय की अवमानना का आरोप लगाया गया और जब न्यायमूर्ति पी.वी. राजामन्नार और न्यायमूर्ति ए.एस. पंचपक्ष अय्यर के समक्ष मामले की अन्तिम सुनवाई हो रही थी, तो उन्होंने उच्च न्यायालय में एक वक्तव्य देकर बताया कि कैसे ब्राह्मणों ने कई मामलों में नस्ली उद्देश्य से काम किया और कहा कि शूद्रों और पंचमों का उन्मूलन करना उनकी प्रकृति है।

1958

पेरियार ने जाति-व्यवस्था के खिलाफ एक और बड़े आन्दोलन की शुरुआत की। ब्राह्मण अपने होटलों के नामपट्ट पर ब्राह्मण होटल लिखा करते थे; ताकि लोगों में यह सन्देश जाए कि ब्राह्मण उनसे श्रेष्ठ हैं। पेरियार ने अपने अनुयायियों से अनुरोध किया कि वे तमिलनाडु के सभी ब्राह्मण होटलों के बोर्ड से ब्राह्मण शब्द मिटा दें। इस प्रदर्शन के परिणामस्वरूप होटलों के नामपट्ट से ब्राह्मण शब्द गायब होने लगा। तमिलनाडु सरकार ने उनके खिलाफ मामला दर्ज किया और पेरियार को गिरफ्तार कर लिया गया। उन पर आरोप था कि उन्होंने पशुपतिपालयम (करूर), कुलितलई और तिरुचिरापल्ली में दिए भाषणों में अपने अनुयायियों को ब्राह्मणों पर हमला करने के लिए भड़काया। उनको तिरुचिरापल्ली की जिला अदालत ने छह माह कैद की सजा दी। पेरियार और उत्तर भारत के समाजवादी नेता राममनोहर लोहिया ने चेन्नई में मुलाकात की और लोगों की सामाजिक और राजनीतिक सेवा करने के बारे में विचार-विमर्श किया।

1960

उन्होंने तमिलनाडु को छोड़कर भारत का नक्शा जलाया और कहा कि केन्द्र सरकार का शासन ब्राह्मणों का शासन है। पेरियार के निर्देशन में समूचे तमिलनाडु में सर्वोच्च न्यायालय के उस निर्णय के विरुद्ध विरोध-

दिवस मनाया गया, जिसमें तमिलनाडु लैंड सीलिंग अधिनियम के प्रभाव को समाप्त कर दिया था; जबकि यह अधिनियम संविधान संशोधन के जरिये बना था।

1967

मि. सी.एन. अन्नादुरै तमिलनाडु के मुख्यमंत्री बन गए। उनकी पार्टी डीएमके को तमिलनाडु विधानसभा में सर्वाधिक सीटें मिलीं। वह तिरुचिरापल्ली गए और उन्होंने पेरियार की शुभकामनाएँ और मशविरा लिया।

1968

पेरियार के सच्चे तर्कवादी शिष्य की भाँति अन्ना ने एक सर्कुलर जारी कर सभी सरकारी कार्यालयों से हिन्दू देवी-देवताओं की तस्वीरें हटाने का निर्देश दिया। यह कदम एक धर्मनिरपेक्ष राज्य के अनुरूप था।

1969

पेरियार ने मन्दिरों में व्यवहार में लाए जा रहे जातिगत भेदभाव को समाप्त करने के लिए उनके गर्भगृह में सभी जातियों के योग्य व्यक्तियों का प्रवेश सुनिश्चित करने के लिए एक कार्यक्रम की घोषणा की। इससे पहले केवल ब्राह्मण ही पूजा-अर्चना करवा सकते थे; वह भी तमिल की बजाय संस्कृत में।

1970

तमिल द्विमासिक पत्रिका 'उन्मई' (सच) की शुरुआत पहले पेरियार ने तिरुचिरापल्ली से की। पेरियार ने 'रेशनलिस्ट फोरम' नामक एक नया

मंच बनाया, जो गैर-राजनीतिक और सामाजिक संगठन था। इसमें सरकारी और निजी कर्मचारियों को जोड़ा गया और ऐसे अन्य लोगों को भी, जो तार्किकता में यकीन करते थे। अंग्रेजी के तर्कवादियों की आवश्यकता को ध्यान में रखते हुए पेरियार ने अंग्रेजी मासिक 'मॉर्डन रेशनलिस्ट' की शुरुआत की।

8 दिसम्बर, 1973

पेरियार ने एक सामाजिक सम्मेलन का आयोजन कर सामाजिक अवनति और ब्राह्मणों द्वारा थोपी गई जाति-व्यवस्था को खत्म करने पर चर्चा आयोजित की। यह सम्मेलन 8 और 9 दिसम्बर, 1973 को थिडल, वेपेरी, मद्रास में आयोजित किया गया और दोनों ही दिन अपार जनसमूह वहाँ पहुँचा। पेरियार ने एक शानदार भाषण देकर तमाम द्रविड़ों का आह्वान किया कि वे आगे आएँ और जाति तथा सामाजिक अवनति के उन्मूलन के लिए काम करें। उस समय कई ऐतिहासिक प्रस्ताव पारित किए गए।

19 दिसम्बर, 1973

चेन्नई में त्यागराय नगर में पेरियार ने अपना अन्तिम भाषण दिया। मानो वह बेहद स्मरणीय ढंग से अपना मृत्युपूर्व बयान दे रहे हों।

20 दिसम्बर, 1973

हार्निया की बीमारी के कारण असहनीय दर्द से जूझते पेरियार को चेन्नई के सरकारी अस्पताल में दाखिल किया गया।

21 दिसम्बर, 1973

पेरियार की इच्छा पर उनको वेल्लोर स्थित सीएमसी अस्पताल ले जाया गया।

24 दिसम्बर, 1973

दुनिया के महान विचारकों में से एक और दृढ़ तर्कवादी पेरियार ने अपनी अन्तिम सांस ली। वे दुनियाभर के करोड़ों तर्कवादियों, द्रविड़ नस्ल के तमिलों और अपने तमाम चाहने वालों को असहनीय दुख में छोड़कर चले गए।

(द्रविड़ कड़गम की आधिकारिक वेबसाइट से साभार,
अंग्रेजी से हिन्दी अनुवाद : पूजा सिंह)

पूजा सिंह

जन्म : 1 जुलाई, 1983। समतामूलक समाज के स्वप्न के साथ 10 वर्षों से पत्रकारिता में सक्रिय पूजा सिंह नेटवर्क 18, तहलका से जुड़ी रही हैं। इन्होंने आदिवासी, स्त्री और वंचित वर्ग के मुद्दों पर विशेष रिपोर्टिंग की है।

सुरेश पंडित

हिन्दी आलोचक और साहित्य-संस्कृति के विद्वान दिवंगत सुरेश पंडित ने विविध विषयों पर विपुल लेखन किया है। अलवर (राजस्थान) निवासी श्री पंडित की गहन रुचि दलित-ओबीसी मुद्दों में भी थी। वर्ष 2014 में 84 वर्ष की अवस्था में उनका निधन हो गया।

परिचय

अशोक झा

जन्म : 29 सितम्बर, 1963। पिछले 25 वर्षों से दिल्ली में पत्रकारिता कर रहे हैं। उन्होंने अपने करियर की शुरुआत हिन्दी दैनिक राष्ट्रीय सहारा से की थी तथा वे सेंटर फॉर सोशल डेवलपमेंट, नई दिल्ली सहित कई सामाजिक संगठनों से भी जुड़े रहे हैं।

देविना अक्षयवर

जन्म 22 जून, 1985। मॉरीशस में जन्मीं देविना अक्षयवर ने नई दिल्ली के जवाहरलाल नेहरू विश्वविद्यालय (जेएनयू) से 'समकालीन स्त्री उपन्यास-लेखन में राजनीतिक चेतना (1990-2010)' विषय पर पीएच.डी. की उपाधि हासिल की है। डॉ. गणपत तेली के साथ 'आधुनिक भारत के इतिहास लेखन के कुछ साहित्यिक स्रोत' (2016) पुस्तकों का सह-सम्पादन किया है। विभिन्न राष्ट्रीय तथा अन्तर्राष्ट्रीय पत्र-पत्रिकाओं में इनकी समीक्षात्मक रचनाएँ एवं लेख प्रकाशित होते हैं।